U0527235

[日]鬼头政人 _著　　郭文静 _译

# 考试高手

資格試験に一発合格する人は、
「これ」しかやらない

国际文化出版公司
·北京·

**一次快速通过考试示意图**

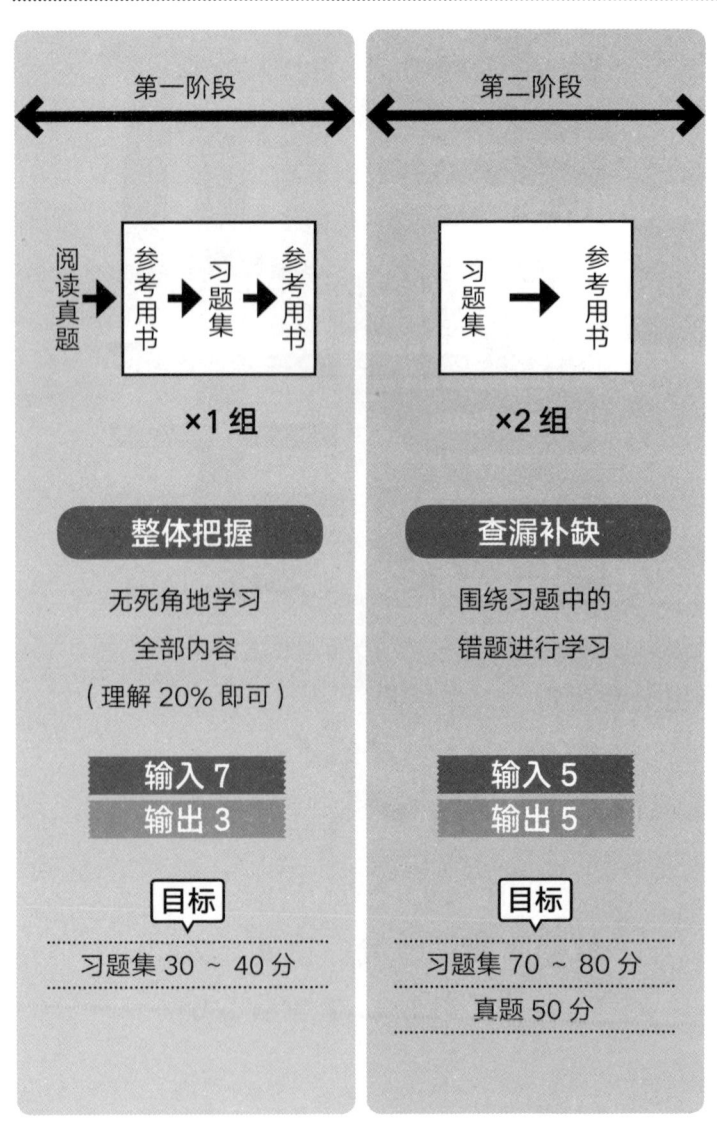

## 第三阶段

阅读真题 → 习题集 → 参考用书 → 真题集 → 参考用书 → 模拟考试

×3 组

**实战**

以真题等题目中的错题为中心进行学习

输入 3

输出 7

**目标**

习题集 100 分

真题集 100 分

模拟考试 70 分

## 第四阶段

习题集总复习

同时为查漏补缺留下缓冲的余地

**保持手感**

以参考用书中的难点为中心进行学习

输入 2

输出 8

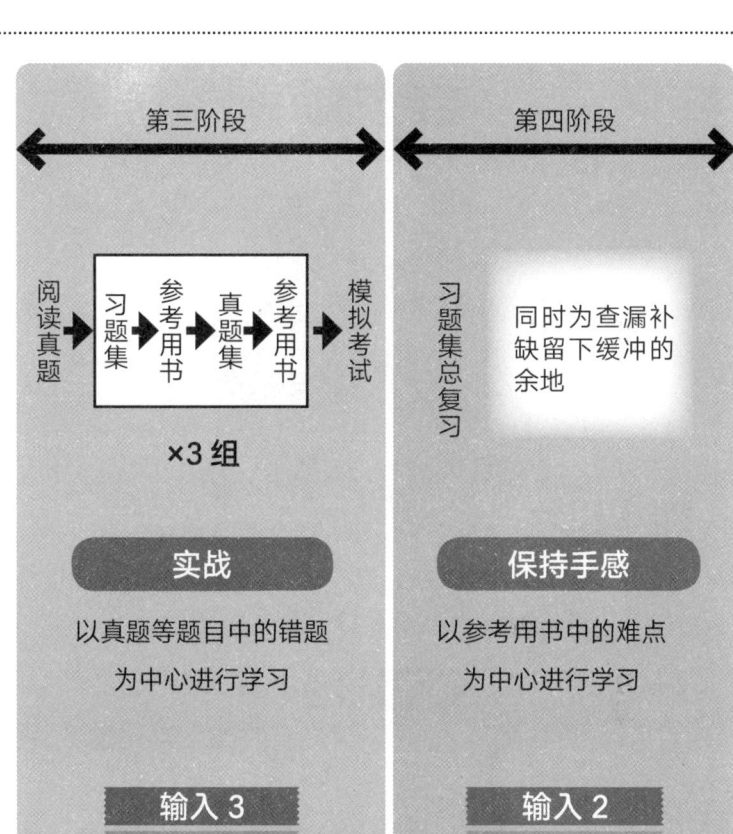

## 成年人的学习时间安排表

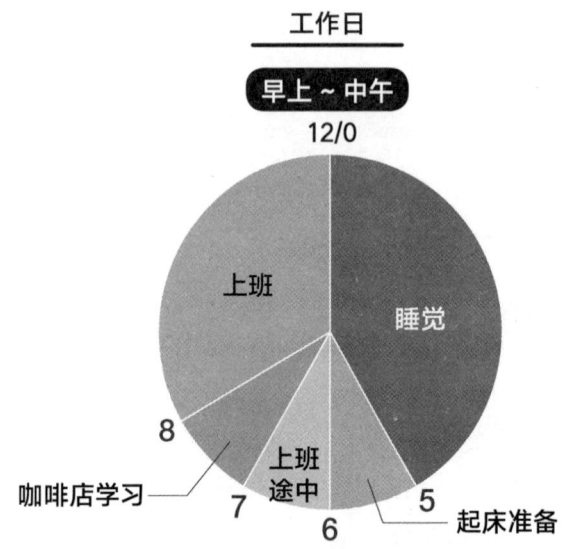

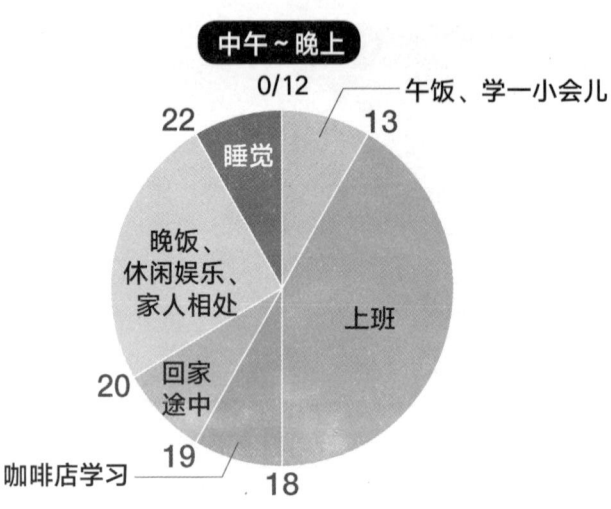

**休息日**

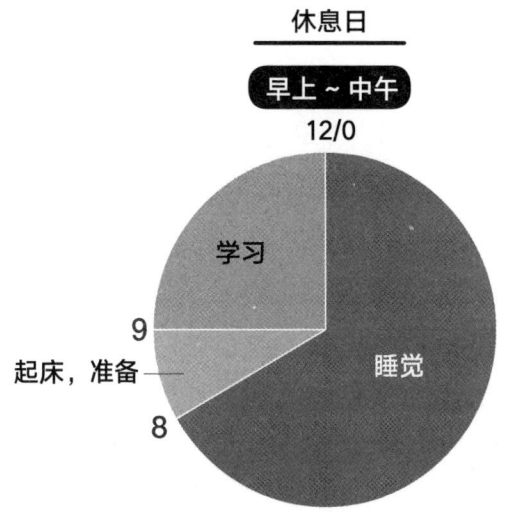

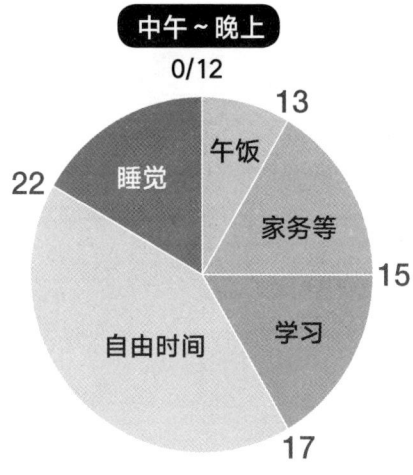

# 序言
# 开始学习前，只需要掌握这几点

## ·职场人和学生在学习上的差异

有不少人会脑子一热，突然想考某个证书，但是又因为不知从何处开始复习而烦恼不已。更不用说原本就忙碌、疲惫不堪的职场人了，妄想没头脑地复习一段时间就通过资格考试，是不可能的事。所以，职场人想要通过各种资格考试，必须采取一定的策略。

与学生不同，职场人可用于学习的时间有限。学生时代应对考试的学习与职场人针对资格考试的学习之间最大的不同，就是后者"时间有限"。

我认为，学习效果一般可以用"学习效果＝效率×坚持"的公式表示。所以，无论学习效率多高，如果无法持续下去，就不会有太大的效果。反之，如果一直保持低效的学习，也很难有所进步。

可以说，"效率"与"坚持"分别对应学习中的"质"与"量"。学生时期，虽然学习的"质"多少有些低，但是贵在可以持续，有大量的时间进行学习，从而弥补了"质"的不足。

但是，进入职场后，人们不仅需要每天工作，有时甚至不得不加班，有的人还需要看孩子、做家务、照顾家庭等。所以，相比于学生时代，职场人可用于学习的时间越来越少。在"量"受限的情况下，通过提高学习的"质"来提高学习的效率，就显得尤为重要。

职场人能否通过资格考试，最重要的一点就在于如何提高学习的"质"与效率。

当然，学习效率再高，如果不坚持下去，"量"就会不足，最终也很难通过考试。总而言之，职场人想要通过考试，需要优先考虑学习效率，同时加以坚持。

而本书就是从学习的"效率"与"坚持"两个方面入手，介绍了帮助职场人一次性通过各种资格考试的学习方法和思考方法。

## ·与通过考试密切相关，但是很多人不会做的事

那么，高质量的有效学习是什么呢？

比如说，从家或公司出发去最近的车站有很多条路线，其中，路程最短的那一条效率最高。这个道理大家都懂。如果是职场人的上班路，那么最短的一条路径一定早已深入他的记忆。但是，如果是第一次去某个公司或店铺的话，你又会怎么做呢？你应该会首先查看地图，确定最近的车站以及最短的路径，然后跟随手机地图软件的指引前往目的地。实际上，考试前的复习也是同样的道理。

开始学习前，一定要提前查清最近的"考试通过之路"，然后再进行高效学习。

但是，有很多参加考试的人，事先并没有调查"最短的通过考试之路"就直接开始复习。结果，有的人绕了远路，有的人中途走错了路，一直无法通过考试；还有人一直拼命学习，但是迟迟不见合格。这样的人，或是复习错了方向，或是复习过头，反而离合格越来越远——长年累月复习司法考试的人之中，时常能看到丧失"方向感"或是"迷路"的，这些人并不是因为学习少而落榜，而是偏离了正道，沿着错误的方向学习，所以总是不能如愿通过考试。

使用错误的方法学习，考试时派不上用场的知识会积累得越来越多，解题方法和思路自然也是错的，因此很难通过考试。

所以，重要的是在开始学习之前，先查清最近的成功之路，并加入自己的理解和思考后再开始学习。

## ·失败者爱犯的错误：从第1页开始学习

参加资格考试的人，最初下定决心并开始学习的时候斗志最高。一般人都是一开始学习劲头最足，之后逐渐降低，很少有人后期比前期学习兴致更高的。

许多人最常犯的错误，就是最开始铆足了劲儿学习，买了很多本参考用书和习题集。然后从参考用书的第一页开始，认认真真地学习。

这样的学习方法完全没有效率可言。无论何时，我们都不能采用这种方法学习。

我发现，对这种学习方法存在误解的人不在少数。我想，应该没有人前一秒刚决定攀登富士山，下一秒就开始爬山了吧。但是，这些平时我们仔细想想绝对不能做的事情，资格考试的备考人群中却常有人这么做。

想要登上富士山，我们首先要调查登山的路径，确认合适的登山服、登山靴以及其他必要的装备。查阅大量资料，购入必需物资，万事俱备之后方可开始登山。如果没有做上述准备，听到富士山开放的消息后临时起意，就像是穿着短袖和短裤直接出发，结果怎么样就可想而知了。

资格考试的复习也是一样，学习劲头最足时，不管不顾地从参考用书的第一页开始学起，也是同样的道理。可以说，这是一种根本无法通过考试的、有勇无谋的"自杀"行为。

## ·合格者不会苛求取得满分

我认为，大家考取某种资格证的目的，是为了从事需要此种资质的更高水平的工作。也就是说，资格考试实际上是为了新工作而参加的考试，并不是为了成为此领域精英。这一点也经常被大家误解。

资格考试中，"通过考试"应该是最先要考虑的事情，即考取最低合格分，顺利取得相关的证书。

实际上，我参加日本会计师考试中的簿记1级考试时，准备时间很短，所以按照最短的合格路线学到了极致，最终仅仅以比及格线高1分的成绩勉强通过考试。

擦边过线是事实，但我确实也拿到了资格证书。

即使满分是100分，只要达到了及格线就能获得资格。很多资格考试中，得到60~70分即可合格，但几乎没有80分或者50分及格的考试。如果往年考试的及格线是70分，那我们没必要以得到100分为目标，得到70分就已经足够。

总之，就算参考用书涵盖了所有的知识点，考试也只是考查我们是否理解了其中60%~70%的内容，并不要求我们完完整整地学会、记住整本教材。只要意识到这一点，我们就可以松一口气了。

而且，得满分的人或最年轻的合格者也不一定就是今后工作中最出色的人。在日本，有人花费很多年才通过司法考试，但后来却成为著名律师活跃在一线，还有人甚至成了最高法院的法官。所以说，合格的分数和今后的工作情况并没有直接关系，这一点还是提前了解比较好。

## ·不需要特殊的记忆力、才能和判断力

无论是哪一种资格考试，每年都有数百人合格。就算是日本最难的考试之一的司法考试，每年也有1500人左右通过考试。也就是说，日本通过司法考试的人，至少已经有几万人了。按照这个基数，我们可以认为，通过资格考试并不要求我们具备异于常人的记忆力、才能和判断力。但是，还是有人会把"记忆力差""没能力"或者"不会学习"当作失败的理由。迄今为止已有几万人甚至几十万人通过了司法考试，我们没有必要强求自己拥有万里挑一的超群能力。

简单来说，就算记忆力差，没才能，不会学习，只要在合适的时

间里用正确的方法学习也可以通过考试。没通过考试的人，大部分都是学习方法出了问题。

要知道，资格考试不是奥运会，要想在奥运会上夺得金牌，确实需要世界第一的超群才能和无可匹敌的判断力。但是想通过资格考试，并不需要这些能力。

也许，有的人因为学生时期不顺，就给自己打上"记忆力差""没能力""不会学习"的标签，否定自己的水平。但是一直到考试结束之前，没有人知道谁可以通过，谁不能通过。所以，不要给自己设限，要全力以赴发挥出自己的最高水平。

本书按照时间顺序将学习初始到考试当天分为4个部分，按部分解说各个阶段应该养成的习惯，形成的思考方式，以及提前学会的学习方法。只要能做到这些，基本就可以通过任何资格考试了。

我真切希望所有阅读过本书的读者可以一次性通过资格考试，那么，接下来就让我们从"了解让成绩合格的全部学习过程"开始。

目录

# 1 做好心理准备
## 学习效率的 90% 来自提前准备

1.1 合格第一步：知己知彼 _003

1.2 考试速成需要合理押题 _006

1.3 估算学习的"性价比" _009

1.4 会学习的人的学习顺序 _013

1.5 精学 1 本参考用书和习题集 _016

1.6 学习就是"输入"与"输出"的过程 _020

1.7 不单独做笔记，统一记在参考用书上 _024

# 2 制订学习计划
## 如何有条不紊地持续学习

2.1 粗略分类、整体规划 _029

2.2 不会落空的制订计划的方法 _031

2.3 资格考试的学习是一场马拉松 _034

2.4 如何找到自己的学习步调 _037

2.5 每天、每周学习时间的目标 _040

2.6 不能在休息日大量学习的 2 个理由 _042

# 3 前半段学习
## 以习题集为中心，开始学习吧！

3.1 学得粗糙也无妨，尽早完成知识的输入 _047

3.2 越聪明的人越早改正错误 _050

3.3 习题集最少做 6 遍 _053

3.4 区分"高强度学习"和"低强度学习" _056

3.5 转换学习模式的小方法 _059

3.6 看网课时，建议使用 3 倍速 _062

## 4 学习习惯
### 合格必备的好习惯

4.1　坚持不下去时如何做 _067

4.2　缺少动力的时候做真题 _070

4.3　减轻大脑负担的习惯 _073

4.4　尽量每天在同一时间学习 _076

4.5　如何应对学习计划被打乱 _079

4.6　"与伙伴一起学习"与"独自学习" _081

4.7　创造便于集中精神的大脑、身体以及环境 _084

## 5 后半段学习
### 分数快速增长的学习方法

5.1　真题的最终目标是拿到 100 分 _089

5.2　分数总是提不上去，可以换个解题思路 _093

5.3　效率极高的复习方法 _096

5.4　进行模拟考试的最佳时机 _098

5.5　即使得不到目标分数也不要气馁 _101

5.6　练习在规定时间内答卷 _103

5.7　坚决不粗心失分 _105

## 6 保持记忆
### 查漏补缺，提高分数的背诵法

6.1 基础背诵法 _109

6.2 背诵法进阶——共同化和区别化 _111

6.3 如何减少绝对记忆量 _115

6.4 大龄人士弥补记忆力差的方法 _118

6.5 背诵的杀手锏——谐音 _121

## 7 备考总结
### 考试前需要做的事

7.1 最后时刻，总复习学习法 _125

7.2 相信自己，最后时刻也能快速提高分数 _127

7.3 考试前适当减少学习量 _130

7.4 遇到没见过的题目也不要慌 _133

7.5 相信自己，绝对可以合格 _136

## 终章
### 改变 3 个意识
### 通过考试后的学习方法 _139

# 第 1 章
## 做好心理准备
### 学习效率的 90% 来自提前准备

## 1.1
## 合格第一步：知己知彼

下定决心要考取某个资格证的朋友，先停一下，不要急匆匆地投入学习。首先要收集基本信息，确认"通过考试的'最短路径'"。此时，建议"读"真题，而不是"做"真题。

### ·为什么首先要"读真题"呢

开始进行资格考试复习时，首先应该做什么呢？

答案正如序言中提到的一样，即寻找"通过考试的最短路径"。为此，首先要做的，就是收集所有能够收集到的关于此资格考试的信息。

税务师、律师、企业咨询师、社保顾问、建筑师、房产中介、社会护理人员等日本国家资格考试各自的管辖部门主页，可以查询到考试的概要、资格、科目、真题、考试结果等信息；财务顾问等非国家资格考试，在其主办考试单位的主页可以查询到相同的基本信息。

几乎所有的备考者都会以此方式收集基本信息。大家应该都了解考试的制度、考生人数、合格者数以及合格率，但是，开始学习前阅读真题集的人却少之又少。

或许是因为此时，他们认为真题八成是不需要做的，所以没有必要浪费时间吧。即便如此，我仍然建议大家入手一份真题。

最重要的不是解题，而是了解考试题目的难易程度。

当然，也有人会研究主观题、客观题等出题形式。所以我们需要进一步深入解读这些真题，比如：题干大概有几行字，选项有几个，是选择题还是填空题。另外，既有"从下列选项中选出正确的一项"之类简单的问题，也有"请回答下列选项中正确选项的个数"等绕个弯的问题。

换个角度，如果选项分别是"A德川家康""B织田信长""C丰臣秀吉"，很容易迷惑考生。又或许，选项分别是"A山田太一郎""B山田太一""C山田一太"，对于记不清正确答案的考生，常常很难做出选择。

选择题即使题干相同，难度也有很大差异。难度不同，学习的精准度也就自然不同。这一点，不研读真题，就很难发现。所以，比起解题，我更推荐考生阅读真题。

问题的形式、选项还有设问方法都会影响其难度，所以，阅读往年的真题，提前掌握基本信息，做好学习的准备是非常重要的。

## ·认准一种学习方法，拒绝朝三暮四

开始复习考试时，大家肯定会收集各种各样有关学习方法的信息。但是实际上，适合每个人的学习方法都不尽相同。之所以有如此之多的学习方法，是因为有的适合你，有的适合别人。因此，我们要多加尝试，尽早找到适合自己的学习方法。

将他人或书本上的信息囫囵吞枣，并改变自己所有的学习方法的效果是最差的。当然，如果持续了一个月发现该方法不适合自己，就需要做出改变。原则上，一旦认准了某种学习方法，就应该一心一意，坚持到最后。

上资格考试培训学校的时候，也许会听到许多关于考试重点、复习重点的传言。但是需要注意，不能被此类不确切的信息所蒙蔽。

独自复习的人，有时会对自己的学习方法产生怀疑，从而上网搜集信息加以确认，然而此时网络上的不准确信息排山倒海而来，只能徒增不安。

为了避免发生这种情况，我们在学习前就应该收集全学习方法等各种信息，开始学习之后，就不要接受其他与自己方法不同的信息了。

重点：一旦确定学习方法与背诵术，就不要轻易改变。

## 1.2
## 考试速成需要合理押题

按照参考用书以及教科书的编写顺序进行学习，是一种完全没有效率可言的方法。我认为，为了提高学习效率，应当进行合理押题。

### ·不能按页码顺序学习的理由

在序言中已经提到，从参考用书的第1页开始认认真真地学习，从效率的角度而言是行不通的。原因就在于，参考用书和教科书的编写顺序与出题频率的高低并不一致。

比如说，司法考试必须学习《日本国宪法》（简称《宪法》），而讲解《宪法》的参考用书和教科书，最开始的部分讲解的是《宪法》的历史，但是司法考试中并没有《宪法》历史相关的题目。

与之相同，有关日本历史的教科书最开始讲解的部分是日本的绳文时代，但是实际高考时，日本历史部分一般不会设置绳文时代的相关题目。高考时，日本历史部分考查最多的知识点是近现代史，但是近现代史部分却位于教科书的最后。所以，有的学校常常讲不完，或者匆忙地讲解完毕，课程内容注水严重。这已经成为历史课上的常事了。

总而言之，资格考试的参考用书，并不是从出题频率高的部分开始编写的，所以没有必要从第1页开始学习。对于有的资格考试来说，甚至教科书最开始的单元也对考试毫无用处。

参考用书和教科书编写时，对所有的知识点一律平等对待，重视知识点的系统性。因此，虽然多少有所删减和增添，但是依然有不会考到的部分。

因此，我们没有必要从第1页开始丝毫不差地学习，也没有必要精读所有的内容，书上总会有不会在考试中出现的知识点，这部分即使不学，最终也可以合格。

此外，为了获取对知识点的总体把握，有的部分浏览即可。

## ·习题集页数的多少是关键

那么，我们如何区分出题频率高的部分和低的部分呢？

这一点，只需要看看真题自然就会明白了。在1.1中介绍过的"阅读真题"的方法对于把握出题方向极有帮助。你只需要阅读最近3~5年的真题，哪个部分出过多少题，一数便知，甚至有一些试题集和真题集会直接带有相关的数据。

有的参考用书会分析出题倾向，用星号作为标记，星号的多少代表出题的频率的高低。

还有比这更方便的，当数习题集。我们能从各个部分题目数和出题频率，以及页数的多少，得知出题频率高的部分。相反，我们可以发现，出题频率低的部分试题也较少。

像这样，按照出题频率高、中、低以及出题与否，将各部分重点列成提纲，写在开头。按照提纲，可以控制对各部分的学习投入，并且可以知晓从何处开始学习效率更高。

简而言之，想要快速通过考试，需要重点学习出题频率高的知识点。如此一来，出题频率高的部分学的次数也多，学习的效率更高。

**重点：从出题频率高的部分开始学起吧！**

# 1.3
# 估算学习的"性价比"

为了让自己尽早达到考试的合格线，我们应该在容易得分、容易提高分数的部分多花功夫。下面将为读者介绍，聪明人才会的"高性价比学习"的基本思路。

### ·擅长的部分、不擅长的部分、容易得分的部分，分别是哪些？

在资格考试中，我们没必要拿满分，只需要达到合格的最低分数就可以通过。所以，第一步先调查该考试近3~5年的合格分数线，这就是你最初的目标分数。

假设70分即可合格，那么剩下的30分就属于锦上添花，得到最好，没得到也罢。如此一来，重点就变成了"如何通过快速有效的学习得到70分的成绩"。

那么，从哪里开始学习，又如何学习才能快速得到70分呢？

正式讲解前，我们需要先了解一下学习的大前提——"学习就是解惑"。举个例子，"1+1=2"已经是既定的答案，再如何下功夫，也不能称得上是"学习"。因为这本身就完全正确，有时我们会觉得这是理所当然的，但是却做不到。

我觉得，学习就是解惑的过程，将错题和不会做的题搞懂才是学习。

因此，学习新领域的知识时，所有的一切行为都算学习。最开始，我们无论做哪道题都会出错吧。

当然，这也与资格考试的难度密切相关，只要我们好好学习，考查基础知识的40分就会轻松到手。

但是，重头戏还在后面。接下来的分数越来越难到手。

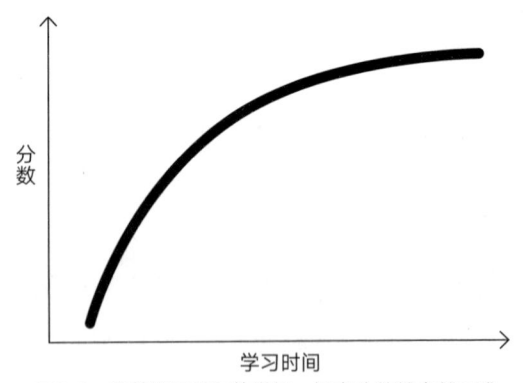

图1-1 随着学习时间的增加，提高分数越来越困难

总之，从学习时间与提高分数的关系来看，在初期，学习时间越多，提高分数越快。但是在达到一定程度之后，随着学习时长的增加，提高的分数逐渐变少。（图1-1）

也许有人听说过"边际效应递减规律"这一经济学用语，学习也是同样的道理，随着学习量的增加，提高分数会变得越来越难。

假设考试范围分为A、B、C三个部分，那么在学习初期，我们不

能只学某个部分的知识，而要毫无死角地将所有部分全部学习一遍，以此得到40%的分数。这可以说是效率最高的学习方法。

但是，这未免过于理想化。一般情况下，实际操作起来各部分的掌握程度会存在差别。比如，付出同样的精力，A部分可以得60%的分数，B部分可以得40%的分数，而C部分只能得30%的分数。

那么此时，继续提高擅长的A部分的分数或着力提高不擅长的C部分的分数，哪个效率更高呢？

在我看来，只能得30%分数的C部分，相比之下更容易提高分数。这是因为在学习初期，只要稍加学习，C部分的分数自然就会提高。

许多人会刻意回避不擅长的部分，而我却时常因为发现了自己的知识漏洞而开心不已。因为有知识漏洞就代表着分数还有提升的可能。

优先学习只能得30%分数的C部分，使分数可以达到40%的程度。接下来，学习可以得到40%分数的B部分，使分数提高到50%的程度。对于C部分，以得到50%的分数为目标继续努力。总而言之，优先学习提高分数快的部分，可以提高学习效率。

经济领域非常重视性价比，即一定的付出可以带来效果的多少。这就是性价比（Cost Performance，简称CP）。学习时，需要优先考虑花费时间的性价比，即可以得到的分数。

## ·失败者容易落入的"擅长部分陷阱"

换言之，优先学习性价比高的部分，就是优先学习得分低、不擅长的部分。

此时，一定有人认为提高擅长部分的水平反而更容易提高分数。我非常赞成在取得资格证书后，提高自己在擅长领域的水平，以在公司取得更好的发展。但是，在备考资格考试时，我不建议这样做。原因就在于，优先学习自己擅长的部分，只不过是为了满足自己的欲望，得到别人的赞赏罢了。谁都想做"干得好"的事，排斥"干不好"的事。

做练习题时，比起错题多的部分，我们往往更喜欢学习错题少的部分，给自己一种不断进步的自信感。

当我们斗志减弱了，一想到自己擅长领域学得还不错，就会萌生一种"只要把A部分学好，C部分学不学都无所谓了"的想法，进而陷入"擅长部分陷阱"，疏忽不擅长的部分。

从现实的角度看，要想擅长部分学得更好，后期就必须解一些难题。这样做，不仅提分率低，性价比也差。所以，要想合格，不擅长的部分也必须得到一定的分数。

此时，你是否因必须学习不擅长的部分而失落呢？请尽管放心，我曾经见过众多考生，依我的经验来看，所谓资格考试复习中不擅长的部分，基本只是个人的臆想和偏见。人们并不是真的不会，而是自己认为自己不会，或者单纯的学习不足。

复习资格考试时，并不需要超强的记忆力、才能和聪明的大脑。所以，只要摒弃"我不行"的意识，学习不擅长的部分也能得到合格所要求的分数。

> 重点：发现了自己的知识漏洞的话，应该为有机会提高分数而感到开心。

# 1.4
# 会学习的人的学习顺序

你是否也认为，所谓学习就是学习全部能学的知识呢？但是，不管不顾地全学一气，很容易中途放弃。既然会半途而废，何不从一开始就不学呢？

## ·放弃"最好都学"的思想

对于忙碌的职场人来说，挤出时间学习通过考试才是最终目的。因此职场人必须利用有限的时间实现高效的学习。

但是，有的人明明已经有参考用书和习题集了，中途又买了一堆书；而有的人会参加各种各样的辅导班，收集大量模拟考试的试题。

我很理解这些人的想法。他们想学习所有能学的东西，这也在情理之中。但是，这个也学，那个也学，反而会拉低学习的效率。

这就像准备去旅行时，我们会想"这个东西说不定会派上用场"，把旅行包塞得满满的，结果根本用不到。

同理，广撒网式学习学到的知识和技能不一定都对考试有用。我们常常后知后觉地发现，这些知识实属多余，派不上用场。

特别是职场人可用于学习的时间有限,即使想广撒网式学习也不能如愿,大多落得个什么也没学好、半途而废的结局。

复习资格考试时,也有不少人信奉"能学的要全学"。对于法律考试来说,判例集等自然是读越多越好。有用的东西当然是读越多越好,这本来没错,但这并不是必需的。

首先,考生应该弄清楚下面这两件事:

什么是必须学的,以及什么是最好要学的。

我想对考生说,首先要区分好究竟是"必须学"还是"最好要学",然后集中精力专攻必须学的知识。

## ・集中精力学习出题频率高的部分

我们并不知道最终的资格考试会出什么样的题目。为了保险起见,我们有时会想,把其余不重要的部分也学习一下。但这终归只是为了以防万一,我们不可能优先学习这部分内容。

与之相对,我建议考生集中精力学习"必须学"的部分,即出题频率高的部分、该部分的应用及可以得高分的部分。

明确地区分好"必须学"和"最好要学"两部分内容,就能掌握学习的主动权,从而实现高效的学习。

从道理上讲是这样,但仍有不少人觉得,为了避免遇到没见过的题,最好广撒网式学习。还有人觉得缩小可以选择的范围会感到不安。确实,买够参考用书和习题集、收集模拟试题、上很多课的确让人更安心,但是大多数人只是一知半解,很容易半途而废。从学习的性价比角度考虑，这种方法一点也不划算，是一种效率很低的学习方法。

有关习题集和参考用书的挑选方法，将在本章第五节进行讲解。此外，我将在后续内容中介绍我对选择资格考试相关的辅导班和补习学校的看法。

复习考试的过程中，我们随时会遇到一些"最好要学"的内容，此时我们应该优先学习"必须学"的部分。

学完"必须学"的部分后，如果时间仍有宽裕，可以学习其他的内容。

> 重点：拒绝广撒网式学习，提高学习效率！

## 1.5
## 精学1本参考用书和习题集

不管是哪种资格考试,市面上的参考用书和习题集都多如牛毛。应该有不少考生会为挑选合适的书籍而犯愁。有人觉得这本好,有人却觉得那本好。接下来就为大家介绍一下,我选择复习书籍的方法。

### · 无须自己精挑细选

开始复习考试前,我们必须挑选参考用书和习题集。我想强调的是"备考时参考用书和习题集各1本就足够了"。

这又是为什么呢?首先排除司法考试等难度较高的考试,其他花费几个月到1年即可通过的资格考试,参考用书和习题集各备1本就够了。

相反,买多本参考书的结果通常很容易让学习浅尝辄止,半途而废,很难通过考试。精选1本复习资料学到透彻,更有助于提高学习效率。

现在给大家介绍如何精选1本复习书。实际上,考生没必要亲自严格挑选复习资料。市场上售卖的各种参考用书和习题集都在相互竞争。每一家出版社，都会尽最大努力琢磨如何把复习资料卖得更好，并在图解、插画和阅读感受等方面下功夫，以使内容更加简单易懂。

在这种情况下，各种参考用书和习题集一直处于不断完善之中，内容丰富，相差无几。换言之，不需要考生自己挑选，市场自会为我们筛选出好的用书。

## ·挑选出适合自己的书籍

但是，并不是所有的复习用书都适合我们。市面上不乏标新立异或劣质的复习资料。因此，在选择参考用书时，我们应该注意以下两点：

·选择文风契合自己的书籍
·选择较薄的基础参考用书

我爱读小说，但是读一部分小说家的作品时，总感觉晦涩难懂，无论如何也读不进去。村上春树是我最爱的作家之一。读他的作品，我常有身临其境，在小说世界里自由遨游的感觉，但有人会觉得他的书晦涩难懂，这就说明每个读者与文章的契合度是不尽相同的。对我来说容易理解的参考用书，不一定适合你。

因此，尽量不要在网上书店买书，尽量去实体店选购参考用书。通过翻阅、比较，选出对自己而言最容易理解的那一本。

如果阅读并比较之后还是难以找到适合自己的参考用书，可以买市面上畅销的书。畅销，说明它适合大多数的人。

第二个要点就是选较薄的基础参考用书。之所以特别标明"基础参考用书"，是因为还有像"50个技巧"这种书名的非基础性的书籍。因此，我们在挑选参考资料时要注意，避免买到此类特殊书籍。

为什么要选择较薄的参考用书呢？这是因为编写的目标不同，一般页数较多的参考用书大多以得到满分为标准，而一般页数较少的书则以及格为标准。

出版社会分析资格考试的出题倾向并精简内容，例如有些虽在考试范围之内，但是此前并没有出过题的部分不会编写进书中，所以此类参考用书通常很薄。

在我看来，理想的参考用书应该页数较少、基础知识通俗易懂。

## ·分类整理的习题集有助于提高学习效率

下面继续讲解如何挑选习题集。一般情况下，我们最好选择包含往年真题的习题集。因为我们在"阅读真题"环节，也需要收集数年的考试真题。

然后，最重要的就是习题是否按专题分类。有的习题集像模拟考试，出题模式与考试一模一样。

此类的习题集适用于冲刺阶段评估自己的得分、测试自己的水平以及模拟考试等阶段，但不适合从0开始的学习阶段使用。

如前文所述，选择习题经过分类的书籍，可以让我们了解各部分知识点的出题频率和所占页数，方便我们按照出题频率从高到低排序，有重点地进行学习，还可以提高学习效率。

按分类集中刷题，比所有部分混在一起刷题更容易提高分数。所以，请大家选择分类整理的练习题吧。

另外，很多人会建议选择答案解析详细易懂的习题集。这无可厚非，但是在我看来，我们并非通过读解析来达到学习的目的，所以带有简单解析的习题集就是最好的选择。我们既不要买无解析的习题集，也没有必要买解析过于详细的习题集。

用于输入知识的教材一本足够。总之，参考用书和教科书都是输入知识的教材，我们尽量集中精力，学好上面的知识。而习题集是输出知识的教材，解析过于详细则有变为"输入"的倾向。使用带有详细解析的习题集，就相当于我们拥有了两本输入知识的教材。所以，我们最好选择解析简单的习题集。

> 重点：选择较薄的参考用书和习题分类的习题集。

# 1.6
# 学习就是"输入"与"输出"的过程

学习的过程分为"输入"与"输出"两个方面,许多人单纯地认为学习就是知识的输入,因此将重点放在输入上。事实上正好相反,学习中知识的输出相当重要。

### ·失败者常说的话

前文已经介绍了参考用书和教科书都是输入知识的教材,习题集是输出知识的教材。大家都知道,阅读参考用书和教科书可以将知识"输入"我们的大脑,而做习题集则可以将"输入"脑中的知识进行"输出"。

知识输入的过程包括读、听、记等,输出的过程包括写、说和解题等。

没有知识的输入,就没有知识的输出。我们理所应当首先进行知识的输入。但是有很多人只进行知识输入,直到考前一个月才开始进行知识的输出。

对于这样的人,如果建议他们做点题的话,他们大概会说:"不了不了，我的参考用书还没学完，等学完了就做。"

大家知道这个想法错在哪里吗？

假设这是一项体育运动，我们刚开始打高尔夫的时候，一开始马上就挥杆往往很难击中。所以我们第一步就是要通过书籍或视频学习正确的挥杆姿势。学习完以后，接下来做什么呢？下一步就是实际应用学到的知识，一遍一遍地实操练习。也就是说，输入完知识后，应当立刻进行输出。

高尔夫的球杆有很多种，但是我想，恐怕没有人会将一号球杆、金属头球杆、推杆等各种打法全照着书本和视频学习一遍之后才开始实操。

上一个问题的答案想必已经明了。某一部分的知识点"输入"后，接下来应该做的就是"输出"，对于考试来讲，"输出"就是刷题。如此一来，学习的效率自然会提高。

## ·刷题相当于体育运动中的"练习"

大多数人的"输入"与"输出"的比例大约为3∶1，而我认为该比例应为1∶3。比起知识的"输入"，在知识的"输出"环节下的功夫应该更多，也就是以习题集为中心，不断地刷题。

"输入"占比越高的人，反而越难合格。考试反复失败的人，几乎都是因为只顾"输入"而落榜的。这些人往往会说："我还不会做真题，需要继续学教科书。"

这句话乍一听非常有道理。但是学习本身并非如此，没有谁做题一道也不会错。甚至可以说，只顾"输入"的人一般自尊心都很强。他们害怕出错，觉得总是犯错会被人看不起，所以一心只想"输入"。这种心情可以理解，既然如此，就让我们将这份自尊心深埋心底吧。

得不到满分或者参考用书没有全部复习透彻就不做题，是一种效率极低的学习方法。

还是以高尔夫运动为例，像"挥杆高过头顶时，胳膊肘需要保持一定的角度，头也不可以乱动"这样的知识，不管记住多少，只要不进行练习就很难学会。到头来只不过是纸上谈兵。一个劲儿"输入"不刷题的人也是同样的道理。刷题就相当于体育运动中的练习环节。没有不练习就可以进步的体育项目，也没有不做题就能得分的资格考试。

如果将体育运动中的练习比作刷题，练习比赛项目就相当于模拟考试，正式比赛就相当于真正的考试。如此比喻，想必大家就都明白为什么不刷题考试就很难及格了。

## ·慢慢由"输入型"向"输出型"转变

想必大家都已明了通过刷题"输出"知识的重要性。前文已经叙述了"输入"与"输出"的理想比例为1∶3，再进行详细讲解的话，这个比例应该在刚开始学习的初期和考试前发生一些变化。我们可以将复习比例大致分为四个阶段：

第一阶段，输入与输出比为7∶3；

第二阶段，输入与输出比为5∶5；

第三阶段，输入与输出比为3∶7；

第四阶段，也就是考试前，输入与输出比为2∶8。

这是"输入"与"输出"比例最理想的状态。如此看来，整个复习期间的平均比值约为1∶3。但是，这终归是大体的规划，我们没必要过于严苛地计算学习比例，做到分毫不差。

从形式上看，学习分为"输入"与"输出"两部分。但在实际学习中，"输出"往往会变成"输入"，"输入"也会变成"输出"。随着考试时间的逼近，两者逐渐融为一体，不可分割。

这是因为，当我们"输出"出错时，"输入"的量就会增加。正因为"输入"增加，"输出"也得以扩张。

这便是"犯错即学习"这句话的内涵。实际上，只顾"输入"的人并不能"输入"多少知识。相反，"输出"对"输入"大有帮助，随着"输出"的增加，"输入"的量也会相应地增加。

> 重点：学习方式应该尽早从"输入型"转变为"输出型"。

## 1.7
## 不单独做笔记，统一记在参考用书上

市面上各种笔记式的复习书数不胜数，实际上，与其将知识点记在笔记上，我觉得记在参考用书上学习效率更高。

### ·即使是错误答案，也写在书上

前文说过，备考资格考试时，参考用书和习题集各备1本就足够了。所以，我从来不单独记笔记，想要记录的知识都会直接记在参考用书上。知识点集中在书上，学习效率确实更高。

比如，正确答案应该是"2/3"，但是我错选了"3/4"，此时应该首先回顾参考用书中此部分的知识点，然后将错误答案在旁边进行批注。等以后复习到这部分知识点时，就会想起曾经的错题。"输入"知识的同时，回忆起易错的题目，加深理解。

大家在备考时是否也会用以下的方法呢？先用彩色的笔做标记，用红色或者绿色的纸片遮住知识点，使之看不见内容，然后背诵。看上去简单，但可以同时进行知识的"输入"和"输出"，不失为一种有用又高效的学习方法。

同一个知识点，标注曾经出错的数字、单词、专业术语等，复习时用纸片遮住做小测试，也是一种好方法。如此一来，解题时错误越多，记到参考用书上的笔记就越多。通过观察笔记的多少，我们可以一眼明了：哪部分知识点的出题频率最高，又以什么样的方式出题，以及自己最容易出错的题目是哪些。

记满了笔记的这本参考用书，就是最适合自己且独一无二的"原创"教材。

与其学习别人推荐的教科书，这本标注了自己学习经过的"原创"教材才是我们通过考试最有用的法宝。

请大家也尝试将笔记集中在参考用书上，为自己量身定制一本适合自己的教材。

重点：参考用书上笔记记得越多，越有自己的特色，对通过考试越有益处。

# 第2章 制订学习计划

## 如何有条不紊地持续学习

## 2.1
## 粗略分类、整体规划

你是否已经找到了通过资格考试的最快方法？为了避免学习中途"迷路"，没头没脑地乱学，我们在此了解一下最快的方法是什么吧。

### ·将学习整体分为四大阶段

要想了解让成绩最快合格的方法，我们需要阅读真题，去书店买1本参考用书和1本习题集，对备考做出整体把握。

考试的日期是固定的，所以我们将此时到考试当天的时间大致分为4个阶段。如果备考时间为1年，那么每阶段为3个月；如果备考时间为半年，则每阶段为一个半月。

像这样，备考时间为几个月到1年的考试，可以分为4个阶段，每阶段的学习分配如下：

第一阶段：过1遍参考用书，输入：输出=7：3；
第二阶段：做2遍习题集，输入：输出=5：5；

第三阶段：模拟考试和押题考试达到及格分数线，输入：输出=3：7；

第四阶段：缩短解题时间与最后的准备，输入：输出=2：8。

这就是最快通过考试的大致方法。做好规划后开始学习与什么也不做盲目学习，二者的差距会慢慢浮现。

整体规划的重点，是在第三阶段结束前达到合格水平。只要第三阶段的计划得以实现，合格是迟早的事。第四阶段起到缓冲的效果，可以使我们更加从容，最后阶段学有余力。

**重点：第三阶段结束前达到合格水平。**

## 2.2
## 不会落空的制订计划的方法

备考资格考试，制订计划尤为重要。尽管大家都认为应该制订计划，但仍有人因为计划难以完成而放弃制订计划。

### ·阅读参考用书的速度

为了高效利用时间或是持续学习，我们需要制订学习计划。但是，不切实际的计划一般都难以实现。

学习的最初，阅读完真题后，我们会开始学习参考用书。假如一本参考用书有300页，像"每天阅读30页，10天完成"这样的计划，一般都难以完成，最后会落空。这是因为我们并不知道阅读30页需要多长时间。还有一上来就制订"2小时内读完"之类的计划，实际上也是难以完成的。

为了顺利完成计划，在制订计划之前，我们必须做一件事，如果不做的话，计划常常会落空。那么，我们该做什么呢？我们应该预测自己的学习能力。

读书的速度因人而异，学习的内容难度也会影响阅读的速度。

因此，首先我们实际尝试阅读一下，测试自己的读书速度。复习之初，我们会最先学习出题频率最高的部分，实际阅读此部分内容，看看30分钟大概可以阅读多少页。

如果30分钟可以阅读3页，那么1个小时就可以阅读6页，2个小时就可以阅读12页。

如果30分钟可以阅读5页，1个小时就可以阅读10页，2个小时就可以阅读20页。

当然，不同部分阅读的速度也不同。首先测试自己的学习能力，然后制订计划，与盲目制订计划相比，可实现性更高。

另外，阅读参考用书时，第1遍花费时间最多，第2遍阅读速度相对变快，第3遍速度变得更快。一般情况下，随着学习量的增加，阅读的速度逐渐变快。

我们在制订计划的时候，首先要考虑到自己的学习能力。

## · 有益进步的制订计划的方法

制订了保证可以完成的计划之后，你是否想稍微增加一点难度呢？努力才能完成的计划更有利于我们进步。

测试自己的学习能力，先制订正常可以完成的计划，随后逐渐加大难度。原本计划1小时阅读20页，后来改为22页，再增加到24页，以此促进自己的进步。

学习300页的参考用书时，可以参考下面的计划。

第一周：2小时20页×5天=100页；

第二周：2小时22页×5天=110页（合计210页）；

第三周：2小时24页×3天=72页（合计282页）；

剩余18页1.5个小时×1天。

这样制订看书计划，可实现性强，还可以促进自身的进步。

重点：开始制订较为轻松的计划，随后逐渐增加难度。

## 2.3
## 资格考试的学习是一场马拉松

你是否也曾干劲十足，制订了高强度的学习计划呢？

制订无法持续的计划是没有意义的。一开始学习时我们就要意识到，资格考试的学习比的不是谁开头冲得最快，而是谁步伐最稳。

### ·警惕学习劲头过猛

一般情况下，有些人备考资格考试时，最开始学习劲头最足，随后干劲逐渐递减。我们都很容易一上来就制订一些难以实现的计划，比如"一天学习4个小时"等。

因为对自己的学习水平一无所知，导致做出在规定的时间内根本完不成任务的计划，或者设想每天高强度、大量的学习，都是不切实际的。

平日里偶尔一天学习4个小时还可以实现，但是要想每天学习4个小时，恐怕是不可能的。这样有勇无谋的学习计划，最终也只能以失败告终。

马拉松比赛中，如果运动员最开始铆足了劲猛冲，最后会是什么结果呢？恐怕会在半路喘不上来气，就此作罢。资格考试也是相同的道理，如果我们开始时学习干劲很足，就不假思索地制订高强度的计划，过不了多久，计划越发难以实现，残留的任务堆积如山。

好不容易制订的计划难以实现，斗志难免会受到打击。保持较高的学习干劲非常重要，为了实现持续性学习，职场人需要尽量避免有损斗志的行为。

想要通过资格考试，完全没有必要在开头一个劲儿猛冲，越难的考试以及战线越长的考试，最忌讳开赛时冲刺。

但是，如果复习时间只有1~2个月，即短期决战型考试的话，最好开始就鼓足劲学习。

## ·赢过别人不如战胜自己

正如序言中提到的一样，学习效果＝效率×坚持。

学习之初，既要提高学习的效率，又要制订可持续的学习计划。马拉松比赛中，开赛就冲刺并不是好方法，尽早找到适合自己的步伐才是最重要的，同时需要注意不要速度过快。备考资格考试也是同样的道理，刚开始复习时，不要用力过猛。

每个人的学习速度，以及舒适的学习速度各有差异。最重要的是尽早找到适合自己的学习速度，当学习渐趋稳定后再一点点提高。

复习资格考试最怕不能持久。如果非要说考生会输给什么，也绝不是败给其他考生——

"不行了,以这个速度,我怕是坚持不到最后了。"

"反正谁也看不见,过会儿再学吧。"(最后也没学)

"就算我现在不学,到了紧要关头还是会努力的。"

"这次落榜,来年再战。"

上述说这些话的考生,停止前进的步伐,就是输给了自己。

就算是适合自己的学习计划,也有可能半途而废,更不用说高强度的学习了。特别是刚开始学习时,更需要警惕起跑冲刺、高强度、超出自己的能力范围的学习方法。总之,我们需要集中精力以自己的速度稳步前进。

**重点:警惕超负荷学习,尽早找到适合自己的学习速度。**

## 2.4
## 如何找到自己的学习步调

刚开始学习的时候,难免会陷入各种不安,经常会怀疑自己的学习方法是否正确,学习的速度是否过慢。此时,也许可以考虑找一位指导老师。

### ·可以只在第一阶段寻求指导老师的帮助

学习的初始环节分为四个阶段。第一个阶段距离考试还很远,考生常常会"疑神疑鬼",感到惴惴不安。比如,怀疑自己的学习方法是否正确,是否沿着正确的方向复习,以及学习的速度是否过慢等。

此时,如果能有一位老师肯定我们的学习方法,我们就会安心许多。

这位指导老师发挥的作用,不是教授知识,而是管理你的学习进度,起到批评、激励的作用。

"按照计划进行,本月把参考用书全看一遍吧。"

"本月学习量不够,下个月补回来吧。"

"本月的目标是什么？重点学习哪一部分呢？"

"争取在考试前一个月的模拟考试中达到及格分数线。"

如果有一个定期督促的老师，我们就可以沉下心来专心学习，稳步前进。只是，这样的老师几乎都要花钱。

刚开始学习的第一个阶段，自己摸索的感觉最强烈。我们可以只在第一阶段请老师指导，或者只在第一阶段去辅导学校学习，以获取相应的指导。

出于谨慎，我要事先说明，我并不信任那些提供免费指导的人。免费的服务也就意味着无须负责。他们可能会胡说。而且，即使他们是出于善意的建议，对我们的学习仍然派不上什么用场。

## ·为什么需要留下学习的痕迹

留下学习的痕迹是消除不安和焦虑的好方法之一。

我认识的人中，有每天用日记的形式记录学习的，还有在计划表中记录实际学习成果的。

留下学习痕迹的好处，就是将自己学习的进度可视化。看到自己的学习成果，自然会拥有自信、肯定自我、消除不安，单单是这样就非常有意义。另外，为了保证学习的持续性，保持自我肯定感也是非常重要的。我们可以通过刻意做自己擅长的题目来获得自我肯定感。

不管怎么做题，错题太多都会引起不安的情绪。相反，做对的题越多，我们越坚信自己的学习是有效果的。会做的题越多，学习也就越顺利，从而获得安心感，肯定自己。

但是，只做擅长的题目容易掉入"擅长部分陷阱"，所以以一个月做一次擅长的题目的方式来消除不安，获得自信，效果还是非常好的。

重点：可以仅在最开始寻求他人的帮助。

## 2.5
## 每天、每周学习时间的目标

职场人想要通过考试,每天及每周需要学习多长时间呢?相较于工作日,休息日可以用来学习的时间更多。那么我们应该制订什么样的计划才能顺利实行,并坚持到最后呢?接下来,我将为大家详细介绍。

### ・工作日每天学习2小时,休息日每天学习5小时,每周学习20小时

我们每天需要学习多长时间才能通过考试呢?总计合格必需时间的标准如下所示。

建筑师:300小时左右
行政顾问:800小时左右
社保顾问:1000小时左右

一年有52周,假设为50周,如果想在1年内通过社保顾问考试,每周需要学习20个小时。将其分配到每日,工作日每天学习2小时,

每周学习5天，共10小时；休息日每天学习5小时，每周学习2天，共10小时。

备考住宅建筑考试，需要学习约300个小时。每周学习20小时的话，15周就可以完成计划。也就是说，大约学习4个月就可以合格。

但这终究只是目标，实操中个体难免存在差异。以工作日每天学习2小时，休息日每天学习5小时，每周学习20小时的学习模式，无论是何种考试，都只需要考虑开始时间即可。

实际上，几乎没有人仅用1年的时间就可以通过行政顾问和社保顾问考试。究其原因，或是学习时间不够，或是学习效率太低。

重点：坚持每周学习20小时，胜利就在眼前！

## 2.6 不能在休息日大量学习的2个理由

平日里工作繁忙,学习时间不够。你是否曾将休息日全天纳入学习计划之内,来填补工作日落下的功课呢?这样的人,最后往往都会无功而返。

### ·每天学习10个小时并不现实

工作日需要上班,学习的时间受限。你是否会因此而选择在周六、周日每天学习10个小时,以弥补平日学习的不足呢?

工作日每天学习2小时,加上周六、周日每天学习5小时的学习量,与周六、周日各学习10小时的学习量相同,但是一天内集中精力学习10个小时并不现实。实际上,一天学习10个小时的时间表如下所示:

早上7:00起床、早饭

8:00~10:00　学习2小时

(休息30分钟)

10:30~12:30　学习2小时

午饭

14：00~16：00　学习2小时

（休息30分钟）

16：30~18：30　学习2小时

晚饭等

20：00~22：00　学习2小时

22：30以后　睡觉

从早上起床到晚上睡觉为止，只有学习、休息和吃饭的时间，这种状态持续2天，周一还需要上班，并且每周都这样安排——直接点说，我认为这绝不现实。

## ·大脑的运转机制不是轻易可以改变的

休息日里，我们可以自由地决定学习时间，所以经常会想把工作日落下的补上。周末集中学习，平日里一点都不学，学习效率反而会降低。

对于棒球投手和足球选手来说，一周休息5天正是放松身体的好机会。但对于学习来说，这样的时间间隔过长了。每天用10分钟左右的时间回顾前一天学过的知识，可以让学习更加顺利。但是时间间隔太长的话，这一点难以实现。

另外，需要背诵的知识第二天马上复习，记忆效率最高。同理，学习时间间隔太长的话，很快就会忘记。进一步来说，大脑的运转机制不会轻易改变。

请大家设想一下，如果从周一到周五只顾工作，到周六能突然进入学习状态吗？

恐怕很多人都难以做到。不仅我自己做不到，而且也没听说过这样做可以成功通过考试的。平时不怎么运动的人，到了周六往往更懒得活动。与此同理，平日里不怎么学习的人到了周六大脑也很难活跃起来。

但这并不是绝对的，有的"超人"是可以做到的，只不过大部分考生都是普通人罢了。大部分人到了周末会觉得时间很充裕，早上很晚起床，浑浑噩噩、极其散漫。为了避免这种情况出现，我们可以预先在周六上午和下午分别留出3个小时和2个小时用来学习。

重点：只在周末学习，考试很难达到合格线。

# 第3章

## 前半段学习

以习题集为中心，开始学习吧！

## 3.1
## 学得粗糙也无妨,尽早完成知识的输入

让我们正式进入资格考试的学习吧!大体浏览一遍习题集后,首先开始学习参考用书。你计划多久学习完一遍参考用书呢?1个月,3个月,还是半年?下面是我的学习方法,可供大家参考。

### ·3个月前学习的内容还记得吗?

资格考试的学习过程可以大致分为四个阶段。第一阶段的目标就是从头到尾学习完一遍参考用书。

但是大部分考生觉得需要花一半的学习时间来学习参考用书,或是只要在第一阶段和第二阶段学完参考用书就可以了。并且,实际上也是这样做的。但是这样学习速度太慢了。假设复习总周期为1年,那么学完参考用书需要花费半年的时间,半年前学习的内容恐怕早已忘得一干二净了。如果复习总周期为半年,则需要花费3个月输入知识,就算是这样,已经过了3个月,最开始学习的知识几乎全部忘记了。

回顾半年前学习的知识时,你会想"这是什么来着"。

回顾3个月前学习的知识时,你会想"好像做过"。

当你回顾半年前学习的内容时,多半已经完全记不起来了,就算只过了3个月,大概也只能残留极其模糊的印象。

在我看来,第一轮学习与第二轮复习间隔时间越长,第二轮复习时越吃力。

举个通俗的例子,昨天学过的知识第二天马上复习的话,大部分知识点记忆犹新,复习一遍用不了多长时间。但是,如果是半年前学习过,近乎遗忘的知识点,此时开始复习,无异于从头学起。总之,这样学习效率非常低。

很多考试失败的人,大多是这种学习模式:在第一阶段和第二阶段学习一遍参考用书,两个阶段的输入与输出比为10∶0;在第三阶段和第四阶段一边复习参考用书一边做题,两阶段输入与输出比为5∶5。

这种学习模式主要将学习分为前后两个阶段,前期主攻输入,后期一边输入一边输出。与前文所说的体育训练一样,做题太少是无法通过考试的。

## ·第一次输入,理解20%已经足够

如果我备考一门需要复习1年的资格考试,我会在最开始的2~3周通读一遍参考用书。同理,只需要复习几个月就可以通过的考试,我会用2~3天的时间通读完参考用书。虽然看起来难以实现,但是实际学起来谁都能完成。

那么问题来了：①学习过于细致，花费时间过长，超过了预计时间；②粗略学习，在规定时间内完成输入，这两种学习方式哪一种对考试更有利呢？

我选择第二种学习方式。第一轮学习能在短时间完成的话，尽量在短时间内完成。我经常教导我的学生，一轮学习只需要掌握20%～30%就够了。

换言之，只要不是智商超群的天才，无论多么认真学习，都没办法学习一遍就记住所有的知识点。

第一轮学习，最重要的是对知识的整体把握。考试科目越多，出题范围越广，越是如此。

需要学习的知识范围、考试科目与分布领域等，只有实际通读参考用书后才能得知。这就是第一轮学习的内容。

可以肯定地说，第一轮输入只需要做到整体把握就足够了。

> 重点：第一轮学习只需要理解参考用书的20%～30%，注重整体把握。

## 3.2
## 越聪明的人越早改正错误

学完一遍参考用书后，有人会想再从头学习第二遍。但是，输入知识后，接下来我们应该进行知识的输出，也就是刷题。

- **"参考用书→习题集→参考用书"的学习方法**

从头到尾学完参考用书后，接下来要开始做题了。

使用习题集与参考用书的时候，我们需要从出题频率高的部分开始学习。做完题后只要一对答案就能理解，即便如此，我们也并不能全部正确。但是，这样就足够了。

学习一遍参考用书，掌握20%～30%的知识点，可以得分的题目便在其之下。也就是说，我们只能做对10%～20%的题目。

这时，也许会有人想：这样的学习有什么意义呢？实际上，犯错本来就是一种学习。在我看来，从做题环节开始才算是真正的学习，在此之前阅读一遍参考用书只不过是热身。所以，只掌握20%～30%也没关系，尽早结束才是最重要的。

我的学习模式如下所示。

做完题目并对完答案之后,首先标记出做错的题目。书上有"检查栏"的话,可以直接将错题写在里边。通过读题目、选项以及错题的解析等,我们就能明了该题考查的知识点在参考用书的具体位置。接下来只需要熟读该部分知识点,牢记需要记忆的知识,加深理解。这就是我所说的知识输入。另外,出错的原因和数字也可以记在参考用书上。

"把A和A-弄混了。"
"明明是1/4,错选成了3/4。"
"有ABC、BAC、CAB三个选项,考试会在排列顺序上设题。"

像这样,记在参考用书上。具体考查参考用书的哪一部分、以何种形式出题一目了然。

记的笔记越多,参考用书越有自己的特色。

## ·就算进行不顺利,也可以在第二阶段补回来

我的理想学习模式是第一阶段通读一遍参考用书,做一遍习题集。按照"参考用书→习题集→参考用书"的顺序学习。

这种学习模式下,第一阶段的输入与输出比约为7∶3。

但是初次备考资格考试的人往往还没完全适应,即使在第一阶段按照"参考用书→习题集→参考用书"的顺序学习,最后也很难完成任务。所以大家完全没有必要担心。

可以说只要在第一阶段通读完参考用书，并在第二阶段着手练习，学习速度也是可以的。虽然第一阶段的输入与输出达到了10∶0，但是第二阶段按照"习题集→参考用书"的顺序学习2遍的话，输入与输出就会变为5∶5。在第二阶段做2遍习题集，就相当于学习了3遍参考用书和2遍习题集，从总体复习规划的角度看，学习速度非常理想。就算在第二阶段结束时只做过1遍习题集也没关系，毕竟这还只是学习的上半场，下半场我们可以把少学的内容补回来。所以，请大家一定要坚持学到最后。

重点：至少在第一阶段通读完一遍参考用书。

## 3.3
## 习题集最少做6遍

你是否也认为反复读参考用书就是学习呢？事实上，需要多次学习的并非参考用书，而是习题集。如果想要通过考试，习题集需要学多少遍、一直学到什么时候呢？

### ·第二轮学习的中心不是参考用书而是习题集

在第一个阶段按照"参考用书→习题集→参考用书"的模式学1个回合，是一个良好的开始。在第二阶段按照"习题集→参考用书"的模式学习2个回合。

有能力的人可以学习三四个回合，使自己的成绩尽早接近合格的最低分数。

我的学习模式最重要的一点就是从习题集出发，再回到参考用书，输出后立刻进行输入，反复多次。

因此，我们不需要从头到尾重读参考用书，只需要以做习题中出错的题目为中心，找出其在参考用书中关联的知识点，反复学习，强化记忆即可。

也就是说，学习的中心不是参考用书而是习题集。遇到解不开的难题则回归参考用书，知识进一步增加，理解进一步加深。

在第二阶段和第三阶段会多次重复从"习题集→参考用书"的学习。重复3个回合都没问题，到第三个学习阶段结束时，最好可以重复6个回合。

第一阶段："参考用书→习题集→参考用书"重复1次；
第二阶段："习题集→参考用书"重复2次；
第三阶段："习题集→参考用书"重复3次。

按照上述的方法学习，在第三阶段就可以做6次习题集。在此之后做真题或押题卷应该可以达到及格分数线。

但是有不少人反复学习参考用书，很少做题，到第三阶段结束的时候，他们最多只能做3遍习题集，甚至有人1遍都做不完。

## ·犹豫就算做错：严格判分的理由

我备考FP3级（财务规划技能考试3级）时读参考用书大约花了1周时间，是在由东京前往大阪的新干线上读完的。

当然，浅浅地浏览一遍，不理解的地方有很多，即便如此，我依然立马着手解题。反复阅读、记忆错题对应的参考用书的讲解，加深理解，多次重复。

普通考生倾向于学习参考用书，但是在做题的过程中，围绕错题的知识点复习参考用书效率更高，而且会更早接近及格分数。

第一遍做题可能有80%以上不会，所以要给错题做检查标记，蒙对的题目做"×"标记。这是因为像判断正误这样的题目，凭直觉也有50%的可能蒙对。另外，我们还需要给反复纠结，最终得出正确答案的题目加"△"标记。

稍微严格一点，最后可能有90%左右的习题添加了标记。对不会做的题目做各种标记，使之可视化，不仅可以让自己意识到错题数量之多，产生危机感，还可以思考为什么会错，知道自己哪些知识点不会。像这样，同样可以促进知识的输入。

如果判卷过于放松，对很多题目的理解就会浮于表面，模棱两可。我们只回顾错题的知识点，宽松判卷本身就漏洞百出。特别是做第一遍时，只要不是完全正确的题目，最好都进行标记。

做第二遍时，正确率可以达到40%。剩下的60%错题再次标记，然后回到参考用书，复习出错的知识点。按照这样的学习方法反复几次，错题自然会越来越少。

**重点：就算侥幸做对了，也不要自我欺骗，做好检查的标记。**

# 3.4
# 区分"高强度学习"和"低强度学习"

什么时候学习、在哪里学习、学的什么内容都是非常重要的。我将学习大致分为"高强度学习"和"低强度学习"两类。学习强度较高时，挑选可以集中精神的时间和场所进行；"低强度学习"则见缝插针，利用空余的碎片时间进行学习。

### ·建议在早晨进行高强度学习

上文介绍的"习题集→参考用书"的学习方法属于强度较高的学习。

我认为学习可以分为"高强度学习"和"低强度学习"两种。第一次学习参考用书、做题、根据错题复习参考用书、写论文等需要高度集中注意力的学习都算是高强度学习。而强度较低的学习一般指粗略浏览参考用书、重做错题等不需要高度集中注意力的复习或背诵类的学习。

问题就在于，什么时候进行高强度的学习。

我习惯早起学习，一般早上5点起床，晚上10点睡觉，日常不会熬夜到12点。所以平日里，我想进行高强度学习的时候，一般会早起，赶在工作前学一会儿。我不喜欢在家学习，一般早上会去咖啡馆或者饮品店学习。

我晚上几乎不学习，要学的话，也是复习之类的强度较低的学习。

另外，职场人的学习还会受到工作的影响。工作上有了烦心事，就很难集中注意力投入学习中去。所以，习惯在晚上工作后学习的人，可能会受到工作内容的影响，难以集中注意力，最终完不成学习计划。

另外，习惯早上学习的人即使在工作上有烦心事，睡了一晚之后几乎都已经忘记，所以学习很少受到工作的影响。综合多方面考虑，我建议大家尝试早起进行高强度学习。

稍微说点题外话，和恋人闹矛盾了，或者家里出事情了等情况，影响学习乃是人之常情。在这些情况下，不管如何努力，最终也学不进去多少。先把问题解决再学习也不迟。

## ·等电车的时候，能记住多少单词呢？

我常见缝插针，利用碎片时间进行一些低强度的学习。

比如说，上班途中等待和乘坐电车或者公交车的时间，上厕所的时间和泡澡的时间都可以用来学习。乘坐1个小时以上的新干线和飞机时，我也会抓住机会学习。

我在大学的时候就已经意识到了学习强度的问题，但是周围的朋友和认识的人基本上都还没有注意到这一点。

虽然同样都是学习，但是时间和场所不同，实际学习的时间也不同。特别是职场人很难在家学习，所以一般在注意力可以集中的时间和场所进行高强度的学习，在无法集中注意力的环境下进行低强度的学习。

此处的内容和第二章的计划篇有所关联。考生要尽量增加集中注意力的学习时间，选择容易集中注意力的环境，以此来增加高强度学习的机会。这样学习确实可以提高效率。利用琐碎的时间复习或者背诵，对知识的输入也有所帮助。

努力挤出时间来学习，自己也会获得成就感。我在等电车的时候，会给自己设置时间限制，看看自己能背多少内容，像做小游戏一样。如果完不成任务就不能坐上电车，只能目送它离开。关于这一点后面还会讲解。

请大家也研究一些自己的学习方法，寓学于乐，在快乐中学习。

**重点：在注意力可以集中的时间和场所进行高强度学习。**

## 3.5
## 转换学习模式的小方法

你是否有时候明明到了该学习的时间,却迟迟不肯行动?人类并不是学习机器,偶尔想偷懒也是人之常情,我们要想杜绝偷懒的话,稍微用点小妙招吧。

### ·保持自然模式和学习模式的两种方法

一边心里想着学习,一边坐到桌子前,但是不一定立刻就能进入状态。在自身的精神和身体状态都良好的情况下,有时候可以马上投入学习,但是这种情况还是少数。

我有2个小方法,可以使我在"学习兴致不高""没什么干劲"的时候顺利地开始学习。

第一个方法就是回顾昨天学习的知识。

"昨天,从这里学到了这里。错的真不少,这一部分的知识太难了。特别是这道题很难,如果这样思考,就能顺利解答出来了。"我经常会这样做。只需要短短10分钟的时间回顾昨天学过的知识,自然就打开了"学习模式"的开关,学习兴致高涨。

正式复习时需要投入大量的时间和精力，所以这一步只不过是热身似的回顾一下而已。回顾昨天的知识点，对巩固记忆也有一定的帮助。

另一个小方法就是播放"开始"的音乐。我在高考前的复习中，经常会听日本的Spitz乐队的歌。只要一听到Spitz的歌，我就会逐渐进入状态，开始学习。每当拳击手出场的时候，也会播放固定的出场音乐。学习也一样，播放固定的音乐可以让人鼓起干劲，打起精神进入状态。

从自己喜欢的歌曲中挑选几首可以让自己转换到"学习模式"的曲子，每天在学习之前播放，这些曲子逐渐就会变成打开我们"学习模式"的开关。

例如《巴甫洛夫的狗》之类的曲子，一开始播放，我们就不自觉地想要开始学习。如此一来，顺利开展高强度的学习也不再是一件难事了。

## ·单凭意志，难以克服手机的诱惑

开始学习前，绝对不可以玩手机或是看短视频内容。

众所周知，我们一旦开始玩手机或者看短视频就很难停下，会不断有新内容推荐，一旦开始刷SNS（社交平台）就会不断有新内容被推送，我们很难从中抽身。脑子里想着"我就玩一会儿"，结果不知不觉就玩了1个小时，这是常有的事。

要想避免这样的情况发生，我们最好不把手机带到学习的地方。

不在学习场所摆放电视机和电脑，利用这种物理方法，眼不见为净。不要依赖意志力，而要用物理方法让容易上瘾的物件远离自己。

我在考高中的时候，把摆放在自己卧室的电视机撤走了。因为只要房间里有电视，我就总忍不住打开看看。

现在智能手机、短视频、社交平台比当时的电视更容易上瘾，很多功能使人越陷越深，单凭自己的意志力是无论如何也戒不掉的。

既然凭自己的意志力戒不掉，就只能依靠开头介绍的物理方法，眼不见为净。

重点：在没有手机、电视、电脑的地方学习。

## 3.6
## 看网课时，建议使用3倍速

近年来，上网课复习考试的人越来越多，学习视频比参考用书更容易理解，更容易记住，有许多优点，但同时网课也有许多缺点。那么我们应该如何利用网课学习呢？

### ·参考用书好比漫画，网课好比动画

不仅是大学的入学考试，资格考试也一样，越来越多的考生用"看网课"来取代"读参考用书"完成知识的输入。也许是因为"看"比"读"难度更低。但是，正如硬币有两面，看网课学习既有益处也有弊端。参考用书和网课的关系就如同漫画与动画一般。

看漫画时，每个人按照自己的节奏、速度慢慢地阅读，更具主动性；而动画较为被动，不能根据自己的节奏和速度展开，因此，漫画阅读起来更快。但是，动画的情景信息量远超漫画，画面更多、记忆更加深刻。相应地，故事推进也比较慢。从看一集动画的时间和阅读一本漫画的时间来看，相比动画，漫画的情节推进快了几倍。3个小时就可以读完的漫画作品，需要花10个小时才能看完它的动画版。

参考用书和网课的学习也是同样的道理。学习参考用书的优点在于相同时间内，学习的进度可达网课的几倍；缺点在于每个单元的信息量太少，很难留下什么印象。网课的优点在于每个单元的信息量很多，可以留下较参考用书几倍的深刻印象；缺点在于相同时间内学习的进度较慢。

在了解两者各自优缺点的基础上，学会如何区别利用它们才是最重要的。

## ·看网课的注意事项

我一般用2倍或者3倍的速度看网课。3倍速跟不上时，就用2倍速看，这不失为克服网课缺点的一个小妙招。

看网课学习与在辅导班上课感觉相似。但需要注意的是，时常会有看了2个小时视频却只学了3页知识点的情况。

学习时间有限的职场人在利用网课学习时，尤其需要注意这一点。需要善用"倍速播放""只看重点""只看参考用书上不懂的部分"等方法灵活观看网课。

重点：用倍速播放来看网课。

# 第4章 学习习惯
## 合格必备的好习惯

## 4.1 坚持不下去时如何做

有不少人学习时是三天打鱼，两天晒网，很难长期坚持下去。你也许就是这样的人。如果你仅凭个人的意志难以坚持，并且感到不安的话，不妨试试下面的方法。

### ·以规避损失的想法，将学习变成一种习惯

资格考试最忌讳的就是无法坚持。肯定有不少人认为自己意志力强，有信心坚持下去。但这个世界上，难以坚持的人往往比善于坚持的人更多。

不擅长坚持的人可以试试"stickK"（https://www.stickk.com/）网站的服务。

这是由美国耶鲁大学行动经济学研究团队开发的，利用人类规避损失的特性创造的"习惯养成服务"。"Stick"本意为"粘贴"，这是一项帮助人类养成持续习惯的服务。

此项服务，首先需要我们设立一个目标，比如，每天学习2个小时。

接下来，选择身边的人为监督员，来判断本人的目标是否完成。总而言之，就是选择一位起到监督作用的人，选择的人越严厉，达成目标的可能性就越大。并且，将自己目标的进展情况记录在网络上，可以向朋友和家人公开，还可以获得别人的支持和鼓励。

此项服务最大的特点就是"罚款制"。用户可以选择使用信用卡号码和收款账号注册。目标没有达成时，系统将从信用卡自动向收款账号转账。收款方可以使用监督者的账号，还可以设置为自己绝对不想汇款的其他团体的账号。

许多人都在使用此项服务，有数据对最适宜的罚款金额进行了统计。系统显示，戒烟用户每抽一次罚款15美元，更容易坚持戒掉。但是，因为这是一款英文服务，所以对英文水平有一定的要求，不过在我的使用中发现，这个网站的服务设定非常有趣。

据我所知，暂时没有其他网站有可替代性的服务，如果大家有兴趣，可以试试这个网站。

## · 提高坚持度的3个要素

这项服务有3个重要因素，分别为"监督者""寻求支持""罚款制"。这3个要素一定会对使用者坚持达成目标起到正向推动作用。

当然，即使不使用该服务，我们也可以通过相同的方法培养坚持的习惯。

我们可以选择家人做监督者，向家人宣明目标、公布进展，以此获得家人的支持。完不成目标时，向监督者交固定金额的罚款，和服务中的"罚款制"相同。

　　罚款金额根据规则的不同而改变。爱喝酒的人戒酒，爱吃甜食的人控制甜食，各自的罚款金额各不相同，但是效果应当无异。

　　对于人类来说，比起"获得"更不想"失去"。罚款制是一种最有效的方法，它完美地利用了人类规避损失的想法来提高使用者的坚持性。

重点：不擅长坚持的人，可以利用罚款制或设置罚则等方法。

## 4.2
## 缺少动力的时候做真题

备考资格考试往往要学习数月，在这期间也许会有人失去动力，中途松懈，还有人会感到焦虑不安。这时我们应该如何转换心情呢？

### ·中途松懈是努力的证明

复习过程中，一时松懈在情理之中。无论是什么样的人，都有失去动力的时期。首先我们要认识到，这属于人之常情，即使中途感到泄气，只需要将它当作理所当然的事情就可以了。但是，一直打不起精神学习就很难通过考试。所以最重要的是，我们要变换一种想法，顺利转变心情。

"这个月偷偷懒吧，下个月以全新的状态备考。"中途松懈只是缓口气，只要稍微激励一下自己，很快就能从该状态里脱离出来。

比如，做去年的考试真题。做完题后，可能发现自己只能做对30%~40%，远远达不到及格线。只要认识到了自己的真实水平，即使没有动力也会想"必须开始学习了"。需要注意的是，我说的"中途松懈"是指在此之前非常努力，不包含持续松懈状态下的中途泄气。

无论是哪一种情况，我们都需要客观地审视自己的水平，充分认识自己，这对于脱离松懈状态非常重要。不想努力的时候想一想距离考试还剩几天，以及自己现在的得分和及格分数线的差距。

许多人会立刻发现这种状态持续下去，很难通过考试，从而产生紧张情绪和危机感。意识到自己学习松懈后，尝试做做真题。这样就可以体会到危机感了。

### · 需要保持危机感，但是不要焦躁

有的人虽然按照计划学习，但是随着未解决的问题增加，他们容易开始焦虑。

这样的考生未免过于紧张，危机感过高，所以才会感到急躁。但是，学习最忌讳焦躁。烦躁不安时学不进去，效率会大大降低。所以说，保持一定的紧张感和危机感是非常重要的，但是也没有必要过于急躁。

"没关系，离考试还有几个月，还没到最终决战。"这样想，多多少少都会缓解焦虑不安的情绪。

本来计划就是难以全部完成的。工作也是一样，很少有工作可以完全按照计划进行，完美完成更是难上加难。这听上去是否与计划的重要性相互矛盾呢？

其实不然。制订计划的意义就在于，我们能沿着最快的成功路径前进，防止我们脱离复习轨道罢了。

无法按照计划进行学习或者进度太慢，只是代表着我们在这条合格之路上走得比较慢而已。但此时我们不应该脱离轨道，像只无头苍蝇一样到处乱撞。

所以，当你学习速度较慢时请不要焦虑，只要你脚踏实地，稳步前进，最终一定能顺利通过考试。因为资格考试和马拉松比赛不同的是，你并不需要在意名次的高低，只要达到了最低合格分数线就可以了。

进一步说，我们一定能够在未来某个时间点上提高学习速度，成绩也随之突飞猛进。你只需要相信这一点，并为之不断努力就可以了。

因为完不成计划而充满危机感这件事本身并不是坏事，这是迫切想要通过考试情绪的副作用。意识到"这样下去不行"，而产生危机感并不是件坏事。

重要的是重新审视自己的计划，并及时制订计划尽量弥补落后的部分，然后根据新计划学习。

**重点：即使没能完成计划，只要按照正确的路径前进就可以。**

## 4.3 减轻大脑负担的习惯

平时结束工作后,你是否也有想要学习,但是因为大脑反应迟钝,而无法完成预定计划的经历呢?为了兼顾工作和学习,我们要尽可能地减轻大脑的负担,增加大脑的容量。

### ·提前计划好午饭去哪里、吃什么

虽然我只制订了简单的长期计划,但是为了留有学习的余力,我会尽可能在前一天详细地制订第二天的行动计划,让大脑专注于学习。

但这并不需要像做手账一样精致,只需要在工作结束或者睡前,脑中过一遍第二日从早到晚的行程即可。

我的大致计划如下:明天几点起床;搭几点的电车;几点到公司旁的咖啡店;学到几点;几点去公司;做1个小时A工作然后出席几点的会议;中午去什么地方、吃什么;下午1点开始做一个半小时B工作等。

工作忙的时候,会把午饭在什么店里吃什么东西都计划好。例如，在便利店买蔬菜三明治、火腿芝士三明治和咖啡。如果想要一边吃饭一边学习的话，当天午休时，我会飞快跑去便利店买提前计划好的食物，然后到学习的地点一边吃一边学习。当然，学习的内容也会提前决定好，离开公司时带上必要的学习用品。

但是，这样的规划只计划到下班。是否加班等问题，关系到当天工作的实际情况，不考虑在内。近两年因为新冠疫情的影响，我很少有聚会喝酒等活动，但在之前，我还需要拒绝一些聚会的邀请。另外，夜晚的安排较为复杂，也不在计划之内。

穿衣打扮方面，我基本上会准备多件同款衬衫，每天穿一样的衣服上班。每天早晨纠结该穿哪一件衣服本身就是在浪费精力。"纠结"这件事已使大脑疲惫不堪，根本没有余力学习。

## ·什么时候决定第二天的学习内容

那么，人的大脑什么时候开始感到疲惫呢？一般会在可选项过多的时候。

大家听说过哥伦比亚大学的"果酱实验"吗？这个实验中比较了面对摆放6种果酱和24种果酱时客人的反应。结果显示，24种果酱摊前驻足的人更多，6种果酱摊前购买的人更多。

从实验结果看，果酱种类多的更吸引顾客注意，但是容易造成选择疲劳，因此很少人购买。

所以，午饭也好，穿着也罢，甚至是学习的内容也一样，可选择的范围越多，给大脑带来的负担也就越重。事先做好计划可以减轻大脑的负担。每一天都是不断选择的过程，减少可选项给大脑减负至关重要。

复习资格考试时，坐在桌子前才开始思考学习的内容，自然就会增加大脑的负担，而且思考的时间也白白浪费了。

我在每天学习结束之后或者晚上睡觉之前，就会决定好第二天学习的清单。

像上文所说的一样，我们在脑中拟订第二天的行动计划时，学习的内容也要像午饭那样提前决定好才行。

重点：睡觉前规划好第二天的行程可以减轻大脑的负担。

# 4.4
# 尽量每天在同一时间学习

为了养成每天坚持学习的习惯，我们要具有一定的意志力。但是仅凭意志力不是长久之计，所以我将继续为大家介绍每天主动学习的方法。

## ·为什么生活节奏规律的人更容易学下去？

我每天都在同一时间起床，同一时间入睡。早、午、晚饭也基本上在每天的同一时间段吃，学习的时间也一样。一旦决定在早晨7~9点钟学习，那么我每天都会在这个时间段学习。

每天都过着千篇一律的生活，同一种模式，同一种节奏，所有已经成为日常习惯。生活模式确定的话，可选择项就会减少，大脑的负担也会减少。

早上起床后即便有些困乏，但是因为日程是固定的，身体不自觉地就会动起来。起床1小时后，大脑已经完全清醒了，此时可以开始进行高强度的学习了。

每天早晨7点开始学习的话，大脑和身体就会配合学习活动。所以当我在出差等不能学习的情况下，身体就会有强烈的违和感。

一旦我们进入这样的状态，就不再需要意志力支撑，每天学习已经成为一种习惯，自然而然地会坚持下去。换言之，每天学习时间不同的人很难持续下去。

周一、周二、周三晚上学习，周四、周五早起学习，这样的学习模式尚可；今天早上学习，明天晚上学习，后天晚上学习，大后天早上学习，随意决定学习的时间，很难养成习惯。一不小心就会偷懒，学习的时间和效率也大打折扣。

所以，尽量将每天的日程模式化，更容易坚持下去。实际上不可能做到每天完全一样，但是只要尽量有意识地做同一件事，就已经大有不同了。

## ·行动改变，习惯也相应改变

按照一定的生活模式持续2～3周，我已经切实体会到，日常逐渐形成了习惯，不按照习惯做就会感到违和。

像这样严格要求自己保持一定的生活模式的人，还有日本原职业棒球选手铃木一郎。据说他在现役时的一段时间，每天早晨都吃妻子特制的咖喱，每天进入球场的时间也相同，在球场的训练也计划得极其细致。正如大家所熟知的那样，他在打击前，还有在击球区的一系列动作，每次都高度一致。

普通人很难做到彻底的一致化。铃木一郎所追求的，是在无论何时何地都能协调好大脑与身体，发挥出100%的水平，尽可能地展现自己的最佳状态。

"思想决定行为，行为决定习惯，习惯决定性格，性格决定命运。"

这是当时日本星陵高中棒球部的教练山下智茂教导松井秀喜先生的话，后来被松井秀喜奉为座右铭，因此为世人所知晓。据说这原本是一位著名心理学家的名言。

对于这句话，不只是名人颇有感触，我也深受启发。想要通过资格考试，首先就要改变行动，行动改变后，习惯自然就会改变。

> 重点：每天保持同样的生活模式，学习就可以持续下去。

## 4.5 如何应对学习计划被打乱

年初的誓师大会和年终的总结大会、人事调动欢迎会和欢送会、忘年会[①]、新年会等，职场人必须参加的会议有很多。这些都可能会影响学习计划。

### ·每天或多或少都学一点点

职场人难免在公司的誓师大会、欢迎会、欢送会、忘年会等大会上吃太多或者喝太多，从而打乱学习计划。

黄金周和暑假，年末或年初的休假等时间比平时更适合学习，但是大部分人基本上也学不下去，好不容易养成的学习习惯和学习步调也打乱了。另外，工作繁忙时学习时间也会大大减少。

学习计划被打乱时，即使学习时间再短，也不要一点都不学。就算只能学习30分钟也要坚持下去。

停止学习的日子一长，再想回到从前的学习步调非常难。每天学习30分钟的话，再恢复到1个小时就比较容易。而且，适应了1小时后

---

[①] 指日本组织或机构在年末举行的宴会。——译者注

还可以恢复到2小时。恢复学习状态需要一点时间，但是不会太长。

停止锻炼肌肉后，仍保有肌肉记忆，恢复锻炼之后，可以轻松地回到以前的肌肉量。同理，大脑也有"学习记忆"，趁着记忆尚存开始学习，就可以回到以前的学习状态。

> 重点：无论什么情况下也要坚持每天学习30分钟。

## 4.6
## "与伙伴一起学习"与"独自学习"

有人说，自己在家一个人学习的话很容易会被别的东西吸引，转眼就把学习抛之脑后。那么究竟是和伙伴一起学习好，还是自己一个人学习好呢？在我看来，两者各有利弊。

### ·伙伴和团体有助于我们坚持学习

复习资格考试时，身边有伙伴就更有持续学习的动力。从学生时代的经验来看，和学习动力足、互相加油打气的人一起学习，更容易坚持下去。

此前已经说明过，学生和职场人学习最大的不同点就在于时间的限制这一点。有无共同学习的伙伴，有无共同备考的小团体，是另一个不同点。

职场人如果不上辅导班，有学习伙伴的情况属于少数。据我所知，有一些考试会有考试合格者和正在备考的考生之间交流的小团体，我们可以参考此类活动，但是还有一些资格考试几乎没有这样的团体。不过，即使没有备考群体，只有已经通过考试的人群的团体，如果能参加这样的团体，对考试同样大有裨益。既能打听到实际工作中的信息，也能了解到通过考试的学习方法。

自己一个人学习时，总是不自觉就想偷懒。去图书馆的自习室或者付费自习室，虽然大家的目的不同，但胜在人多，其氛围也可以激励自己学习，从而达到不偷懒、踏实学习的效果。

另外，像前文中曾提到的设置"监督者"的方法同样奏效。告诉家人自己的学习计划，请家人严格地监督自己有没有偷懒、有没有好好学习等。如此一来，我们也就不得不进入状态，好好学习了。

但是，我不喜欢和朋友一起学习，也不需要伙伴和小团体。因为伙伴里只要有一个人不学习的话，我也会想偷一会儿懒。既然会受到不良影响，还不如一个人学习。

所以，希望有伙伴一起学习，或者加入团体才能安心学习的人，最好去辅导班，喜欢一个人学习的则不需要。考生要选择适合自己的学习方式。

## · 选择辅导班时，比实际合格率更重要的是什么？

下面简单介绍一下辅导班的选择方法。

合格人数等实际成绩确实非常重要，但是我认为，与之相比，该辅导班的个性、特征、指导方法等是否适合自己更加重要：有重视课堂的辅导班，也有重视住宿、考试较多的辅导班；有想要接受详细指导的考生，也有想通过简短的课程掌握教材的考生；比起上课学习，有的人更想管理自己的学习进展状况。

"自己适合哪一种学习方法？"

"想去辅导班获得哪种服务？"

至少应该先思考这两个问题，之后再选择辅导班。

为了选出适合自己的辅导班，最好询问一下实际上过该辅导班的人。有交流的机会一定要积极参加，虽然他们所说的经验，基本都是对辅导班有利的内容，但还是有一定的参考价值的。

重点：比起实际合格率，选择适合自己的辅导班更重要。

## 4.7
## 创造便于集中精神的大脑、身体以及环境

增加高强度学习的时间对考试合格非常重要。高强度学习需要集中注意力，那么怎么做才能集中注意力呢？

### ·整合大脑和身体的状态

保持一定的生活节奏，尽量在同一时间学习，不仅有利于集中注意力，也能进行高强度的学习。除此之外，我还发现"大脑和身体的状态"与"学习的环境"也会影响注意力。

先说大脑和身体的状态，相信其重要性无须赘述。

睡眠不足和宿醉的状态下，谁都没办法集中注意力学习。除此之外，容易被我们忽略的还有饮食。比如每天吃油炸食品、拉面等食物，偏食造成营养不良，身体状况也会每况愈下。

特别是学习极其耗费脑力，大脑的状态非常重要。我不是专门研究大脑的专家，所以说的可能没什么科学道理，但是脑部血流顺畅时大脑会处于活跃状态；相反，血液瘀滞等状态会让人感觉到大脑转不动。

具体来说，就是要夜晚10点前入睡保持充足的睡眠；饮酒有度，

小酌两杯即可；保持营养均衡的饮食习惯等。

对于想顺利通过资格考试的考生来说，有便于集中注意力开展学习的大脑和身体状态非常重要。我们虽然无法像铃木一郎那样高度自律，但是尽可能使自己处于最佳状态，从而实现高强度的学习，对持续学习大有帮助。

当然，偶尔喝点酒等缓解一下压力也是可以的。我明白其对第二天学习造成的影响，但是在权衡利弊，或者抱有其他目的的情况下这样做，完全在可接受的范围内。

此外，学习的环境对集中注意力的影响也无须赘言。

我经常在咖啡馆或者饮品店学习，所以我发现座位的选择对学习效果也尤为重要。桌子前常有人经过的话，我很难集中注意力，所以我尽量不选择柜台旁和靠近收银台的座位，而是选择店铺中靠里的位置，而且面向墙壁。这样就看不到来往的人群了。另外，每次我至少学习1个小时，所以能否在店内长时间停留也是非常重要的。

我常常在公司附近或离家最近的车站旁边，选择有此类座位的几家店铺，然后根据当天的心情决定去哪家学习。

之前也提起过，在家里学习的地方不要摆放电视、电脑，也不摆手机、漫画、书、杂志等容易让我们分心的物品。使用物理的方法让我们接触不到才是最重要的。

## ·长时间学习后给自己一点奖励

就算是处于合适的状态和环境下，人类能集中精神的时间也只有

1个半小时左右,而高度集中精神的时间只有1个小时左右。

高度集中精神学习1个小时,再加上前前后后的准备时间总共需要2个小时左右,所以我们把每次的学习时间设置为2小时最合适。学习2小时之后,工作日我一般会开始忙工作,而休息日则会做别的事情。

另外,连续学习时,中间休息10~15分钟比较好。休息时间尽量不要坐在椅子上发呆,站起来喝点咖啡,走一走,活动活动。休息时间玩手机的话,可能会抵不住诱惑一下玩1个小时,所以我在休息时间尽量不碰手机。建议考生在休息时间也尽量不要玩手机。

休息之后还要继续学习,但是连续学习注意力难免会不集中。所以,每次学习2小时,连续2次情况下,前2小时进行高强度的学习,后2小时从高强度学习向低强度学习转变。

即使是这样,后期注意力还是会逐渐下降。学习4个小时之后,我会给自己准备一点小奖励。比如学习之后,我的午饭或晚饭会去饭馆吃得豪华一点;喜欢吃甜食的话,提前买好蛋糕和点心,到时候奖励自己吃点甜食。

提前准备好小奖励,自己心里就会想"再坚持一会儿就奖励我自己,坚持下去",从而一直坚持学习到最后。

另外,我不会连续学6小时,第2次学习2小时就已经是我集中注意力的极限了。充分认识自己,对通过资格考试非常重要。

**重点:给自己准备点小奖励,最后还能努力一下。**

# 第5章 后半段学习

## 分数快速增长的学习方法

## 5.1
## 真题的最终目标是拿到100分

资格考试的复习到了后半段，可以挑战一下真题，进一步增加输出量的同时，还可以测试学习的成果和当下的水平。

**·做真题，为一次通过考试助力**

整体的学习规划分为四个阶段，你在第一阶段和第二阶段（前半段），总共从"习题集→参考用书"学习了多少遍呢？

3遍是比较理想的速度。继续保持这个速度进行接下来的学习吧。两遍稍微落后，但是还来得及。你无须为此焦虑，只需要慢慢提升速度继续学习"习题集→参考用书"就可以。只学过一遍的人应该有点危机感了。复习进程已经过半，最好有意识地提高自己的学习速度。

我认为应该没有人一遍也没学完，但是如果真的一遍也没学完，那你再不保持高度的紧张感投入学习的话，很难一次性通过考试——已经火烧眉毛啦！

学习完3遍的人就可以挑战真题了。做真题既可以验证迄今为止学习的成果，还可以测试自己的真实水平。

学习的后半段，第一次挑战真题可以达到及格分数线的话，那么你的学习进展是最理想的；如果得到一半分数，也就是100分的题得到50分也不错。

当然，即使只得到30～40分，随着后半段的学习，还有希望逐渐接近及格分数线。

为了在后半阶段的学习过程中提高分数，我们需要增加知识的输出。具体可以参考下边列出的学习计划：

"习题集→参考用书"学习3遍后，"真题→参考用书"学习第1遍；

"习题集→参考用书"学习4遍后，"真题→参考用书"学习第2遍；

"习题集→参考用书"学习5遍后，"真题→参考用书"学习第3遍；

"习题集→参考用书"学习6遍后，做押题卷、模拟卷。

## · 如果真题只得70分，那么及格无望

第三阶段学习结束时，我们应该可以在押题测试和模拟考试中得到及格分数。因此有必要把"习题集→参考用书"学习6遍，"真题→参考用书"学习3遍。

"真题→参考用书"和"习题集→参考用书"学习步骤相同，出

错的题目做检查标记，回到参考用书复习相关知识。如果有需要记笔记的内容，直接记在参考用书上。把近3年的真题各做一遍，此时，有不少人认为只要得到70分，正式考试就可以合格，实际上这是错误的想法。

正式考试时取得的分数往往比平时练习的要低，这是因为正式考试时会有一些生僻题和新题。

所以我们要明白，平时做真题得满分，考试的时候才能达到及格的分数线。

往年真题的100分内容是主干，正式考试时出现的生僻题和新题是分支。分支部分不会也没关系，但是能否完美地完成主干部分直接关系到是否能通过考试。如果第三次做真题还是只能得70分，也就是说真题只会做七成，此时你应充满危机感。

我们反复学习的习题集是以真题为基础编写的，所以习题集的题目可以全部做对的话，真题也应该接近满分才对。如果做往年真题只能得50分，那就意味着习题集只会做一半。

这一点非常重要，为了避免误解，我重新解释一遍。

无论是习题集还是真题都应该争取得到满分。只有习题集和真题集全部会做，正式考试时才能得到70分，达到及格的最低分数线。所以，"真题→参考用书"学3遍、"习题集→参考用书"学6遍后，就可以挑战押题卷和模拟试题了。

这就像体育界的模拟比赛一样，是一种对自己当下实力的测试。

只要在测试中达到及格分数线，合格就不再是难事，对自己要有自信。假设没有达到及格分数线，也没必要消沉，之后还有逆转的可能。

最重要的还是不要放弃，因为一旦放弃，通往成功的大门也就关闭了。只要不放弃，努力学习，成绩就有提高的可能。关于这一点，下文将进行详细介绍。

> **重点：争取习题集和真题全部会做。**

## 5.2
## 分数总是提不上去,可以换个解题思路

现在已经进入了资格考试准备的最后阶段。但是有的考生做题正确率并不高,分数也提不上去,他们陷入了"提高分数难"的状态。

**· 头脑风暴,换种解题思路**

也许有的考生会因为真题大部分都不会,习题集的正确率也没有上升,从而感到焦虑。像这样的瓶颈期,无论哪个考生应该都经历过。实际上,遇到这种情况时,没有必要感到焦虑,因为学习能力、得分、体育技能等都没有直线上升的。

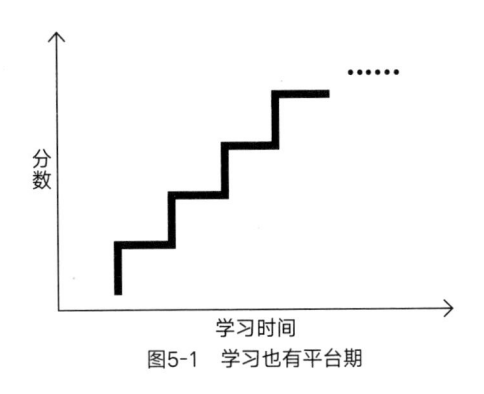

图5-1 学习也有平台期

学习过程中一定会有停滞不前、难以进步的平台期，突破后会再次迎来上升期。成长的阶段如图5-1所示。但是，处于瓶颈期、停滞期时，并不是持续原来的学习方式就万事大吉，我们需要做出一定的改变。

在体育运动中，A教练怎么教也学不会的东西，可能B教练稍微点拨一下就能学会。这并非因为A教练的指导能力不足或B教练更加有水平，而是换个角度使运动员受到了启发，大脑和身体做出相应的反应，进而实现由不会到会的蜕变。

资格考试也是相同的道理。在解题方法上下功夫，刺激思维模式化的大脑。倒序做习题集，每个单元的题目也按照从后往前的顺序作答等，我们可以用自己独特的办法来刺激大脑。

## ·我们是否已经记住习题集的答案了呢？

为什么要这样刺激大脑呢？因为重复做习题集，有的答案早已经记住了。

拿判断正误的题目来看，很多人已经把像"第五题是错误的"之类的答案记在了心里。

就算是判断正误的题目，我们也应该知道哪里出错了、出错的理由，并且能说出正确的数字和词语。

如果我们只知道正误，却不知道其中的知识，那么只是单纯记住了答案。我们可以通过了解到自己还有哪一部分没掌握，输入和输出水平都会更上一层台阶。这只是其中一个例子。我们还可以在问题旁边空白处标注，或者遮住错误的部分，尝试自己解释。如果只知道机械解答，换一种形式可能就不会了。

不仅如此，换一个数字或者换一个说法，出题的倾向就会转变，只有我们学会自己分析题目，问题才能迎刃而解。尝试从不同的角度解答同一个问题，可以加深理解，使记忆更加深刻。

## ·重复买同一本习题

我在提高分数困难时期，还有另一个亲身实践有效的方法，那就是再买一本同样的习题集。买一本相同的从头再来，可以重新做一遍同样的题目。

也许你会有疑问，为什么不买一本新的习题集体验一下新题目呢？

有不少人认为做的题目越多，考试内容覆盖范围越广。但是实际上，做题越多，理解度越浅。并且，做过的题还不能保证全部会做，就匆忙做新题目，恐怕会出很多错，反而情绪更加消沉。

综合上述内容，我并没有买其他的习题集，而是重新买了一本一模一样的习题。虽然题目已经做过多次，但是只要稍微变换一下学习的角度，就可以加深理解，使记忆更加深刻。

仅靠这些方法，就足以从平台期解脱了。只不过，我们最好不要做全新的题目，微小改变的题目尚可以接受。

重点：稍微改变习题的解答顺序、解题思路、答题形式等。

## 5.3
## 效率极高的复习方法

我们在做习题集和真题时,已经在参考用书上做了各种笔记。只要复习参考用书,就可以发现哪一部分的出题频率高,哪一部分是重点,分数占比大。总而言之,只需要复习参考用书就可以实现高效的复习。

### ·重点复习笔记多的部分

到现在为止,我们一直在反复进行"习题集→参考用书"与"真题→参考用书"的学习。每次遇到错题,都会重新复习参考用书,并且在参考用书上做笔记,所以参考用书已经成为一本专属于你的"原创教材"。

复习这本特殊的参考用书,学习哪一部分,哪一页更容易提高分数,一目了然。因为出错频率越高的部分,记的笔记自然也就越多。因此,重点复习笔记多的部分,对提高分数有直接帮助。

相反,没笔记或者笔记特别少的部分没有必要复习。我会在这些地方标注上"不需要复习",复习的时候直接跳过。

与从头到尾复习一遍参考用书相比,有侧重的复习方法可以节省约一半时间。利用碎片时间进行低强度学习时，单是阅读参考用书上的重点部分，就可以实现高效的复习。这些重点你可能还没有完全掌握，所以学得越多，分数提高得也就越多。

迄今为止的所有努力都有了回报，马上就到迅速提高分数的时期了。

**重点：根据笔记的多少决定复习的多少。**

## 5.4
## 进行模拟考试的最佳时机

正式考试之前进行一次模拟考试，可以摸清自己的真实水平。只不过，有的人会参加很多次模拟考试。我不推荐大家参加太多模拟考试，这是为什么呢？

### ·最后进行一次模拟考试就足够了

很多考生会在正式考试前参加辅导班的模拟考试。只不过，学到一半参加模拟考试，没有什么效果。看着无法入眼的成绩，不管是谁都会消沉。在学习渐入佳境的时期，精神受到打击，反而不如不进行模拟考试好。另外，一时运气好取得了不错的分数也不见得万事大吉。

我们经常误认为只要在模拟考试中合格，正式考试也能合格，最后学习松懈。结果到正式考试时却栽了跟头。最好是在有信心通过考试，并且想测试自己水平时再参加模拟考试。

按照计划学习的考生在第三阶段末尾，稍微落后的考生在第四阶段的开头参加模拟考试，一点也不迟。如果进入了第四阶段之后，还没到模拟考试这一步的话，按专题进行小测，效率更高。

押题练习册的覆盖面与正式考试相同，并且有很多份。分专题做，而不是一整套从头做到尾。灵活做题，按专题学习，只要在正式考试前学完全部的内容，就来得及。

## ·模拟考试的优缺点

我经常看到有的考生会多次参加模拟考试，这并不是一种好的学习方法。就像短时间内多次测量体重，但是体重却没有什么变化一样。短时间内多次参加模拟考试，得分也不会有太大的变化。

另外，参加模拟考试还有一些缺点。例如，如果知道几周后有模拟考试的话，为了取得好成绩，我们会增加临时性、容易得分性质的学习，比如背诵等。

为模拟考试而学习对正式考试并没有太大的帮助。在正式考试前1个月，就开始进行最后冲刺，背过的知识到正式考试时会忘得一干二净，我们也不得不重新复习。

如果是复习完参加模拟考试就另当别论，但是这样的考生少之又少。大部分的考生还是按专题逐步推进，进展各不相同。为了在模拟考试中取得好成绩，考生常常在应该巩固A部分知识点的时候转头去学习不太熟悉的B部分。这已经脱离了最短的合格轨道，此时学习别的内容完全是在绕远路。

当然，参加模拟考试也有许多益处。例如，达到及格分数线的话可以获得自信，还可以了解到自己的薄弱之处。借机把强化该部分的学习等作为今后学习的方向。

想参加模拟考试但是碰巧没有时，我们可以用押题卷模拟测试。按照正式考试的时间安排，像正式考试一样，带着紧张感做押题卷，和模拟考试几乎无差。只是想测试一下自己的水平的话，这就足够了。

> 重点：模拟考试是用来测试自己水平的，为了模拟而模拟背离了学习的初衷。

## 5.5
## 即使得不到目标分数也不要气馁

模拟考试中得不到理想成绩，精神上会备受打击。但是不要气馁，只要不放弃，坚持学习，最后一定会成功通过考试。这绝不单单是场面话，下面解释一下原因。

### ·最后阶段仍可以提高分数的原因

模拟考试中不及格的考生占多数。

首先恭喜及格的考生。但是只在模拟考试中得到好分数，并不能得到资格证书。正式考试也一样，为了能多得分，哪怕只能提高1%的合格率，也请持续学习下去。

没有在模拟考试中得到理想分数的考生们，精神上一定受到了打击，但是请不要放弃，只要持续坚持学习，一定会成功。就像大学入学考试，考生的分数一直到最后仍有提升的空间。备考资格考试，最后阶段分数仍有提升的考生也有很多。

因为知识点只能理解一半时很难得分，但是一旦理解七八成以上，分数自然就会提高。出题者是不会让只掌握一半知识的人通过考试的，所以一般出的题目只有掌握七八成的考生才会做。

你要相信，一直到考试之前我们仍有进步的空间，一旦我们掌握了七八成，成绩就会突飞猛进。

只掌握一半，就好比杯子中只加入一半水。慢慢往里注水，水位线逐渐升高，水满后开始往外溢。满杯就好比七八成的状态，在此之后水开始漫溢，分数开始提高。直到水开始外溢之前，请大家不要放弃，持续学习下去。

重点：请相信直到最后分数仍有上升的空间，并不懈努力吧！

## 5.6 练习在规定时间内答卷

模拟考试中，可能会有考生觉得时间不够用。为了在正式考试中按时答完题目，平日里通过练习来提高答题速度吧。

### ·计算、分配好时间，并牢牢记在脑中

考试时间是固定的，没有必要在这段时间内做完所有的题目。"要是时间充裕，我能慢点做就好了"只不过是借口罢了。

首先，分配好考试时间。

如果考试时间是60分钟，共有30道题目。如果每道题不在2分钟内完成，60分钟是做不完全部题目的。如果最后预留10分钟检查时间，一道题只能花1分30秒左右。

另外，资格考试的习题并不是开始简单，后面越来越难。问题的难度是随机的，所以时间分配必须均等。

要像这样在脑中计算、分配好考试的时间。

实际考试过程中，我们会感觉时间过得非常快，不能完全按照计划进行，所以需要提前做好不能按时间分配答题的心理准备。

在此基础之上，找出往年的真题，尝试按照时间分配来解答。为了在规定时间内完成试卷，我们需要在做习题集的时候，按照题数的多少分配时间，并练习在计划时间之内解题。

当我们可以在规定时间之内完成真题后，逐渐练习缩短时间，争取用正式考试时间的一半做完全部的题目。但是在规定时间内做完题目，达不到及格分也无法通过考试。所以，请大家在平衡好速度和正确率的基础上练习。

重点：争取只用一半的时间做完全部题目。

## 5.7
## 坚决不粗心失分

模拟考试或押题测试中，会有写错答案、计算出错、看错题等令人惋惜的失分点。要想通过考试，我们绝对不能因为粗心大意而失分。

### ·为了防止读错题，凭直觉添加标记

不只是资格考试，大部分人在所有的考试中都会因粗心犯错误。不重视这些小错误的话，很有可能因为丢分过多而考试失利。好不容易学到最后，因为一点小闪失没有通过考试非常可惜。所以我们必须重视这些粗心错误。

在我看来，应对粗心出错的方法与企业应对丑闻的对策相近。公司应对丑闻有两种方法：一种是查清丑闻的原因；另一种是针对此次事件制订防范措施。

应对粗心错误的方法也一样，找出犯错的真正原因，以此为依据制订防范措施。比如，读错了题目，把"选择正确项"看成了"选择错误项"时，主要是因为不够细心。读题时在"正确"两个字旁画上"√"，凭直觉标记，方便理解，也可以防止看错。相反，对于"选

择错误项"的题目，在题干处画"×"即可。

如此一来，最后检查试卷的时候，选择正确还是错误的选项一目了然，即使粗心选错，也能改过来。可谓是精准应对每一个错误。

这样不仅可以预防粗心大意，稍加思考还可能会有深层次的收获。比如说，因为时间不够而读错了题目，下次我们就可以练习"短时间内理解题目"，防止此类错误再次出现。

越是深究错误的原因，制订的预防措施的通用性就越强。因此，重视粗心导致的错误，彻底分析后，制订相应对策比较好。许多考生认为自己只是不小心犯了错，下次注意就可以了，其他什么也不做。正如大家所知的那样，"下次注意"等措施对防止再犯一点用也没有。

另外，有的考生单纯地认为："只要这几道题不出错，差不多就能合格。"但是到了正式考试时，再犯这些错误的可能性很大。

即使是粗心出错，也是有原因的。回忆一下迄今为止，自己所犯过的粗心错误，了解其背后真正的原因，制订有效的预防措施并付诸实践，合格的概率一定会大幅提升。一定要记住：尽全力不失分就是得分。

> **重点**：对于粗心出错，不要"下次注意"，要制订具体对策。

# 第6章

## 保持记忆查漏补缺，提高分数的背诵法

## 6.1
## 基础背诵法

学到现在，资格考试的备考已经接近尾声，到了最后查漏补缺的阶段。为了避免在正式考试中遇到模棱两可的知识点，忘记正确答案，下面首先介绍基础的背诵方法。

### ·灵活运用闲暇时间是重点

我主要利用碎片时间进行背诵，比如上班等待电车的时候，在候车大厅背诵。电车到来之前，背诵提前记在笔记本上的内容。有时候车来了我还没背完，就继续背，直到背完我才上车。乘坐电车的时候，我会提前准备一些合适的内容，利用这段时间进行背诵。

厕所也是背诵的好地方。小学的时候，有一些家庭甚至把地图和九九乘法口诀表贴在厕所里。虽然如厕时记不了多少，但是我喜欢把需要背诵的东西记在活页纸上，夹在夹子里，可以随时拿出来背诵。活页本的好处就是背完可以直接扔掉。扔掉背过的，添加新的，重量也不会增加。

泡澡想要学习时，可以听提前录好的课程，读参考用书的复印件等。因为水汽会打湿纸张，所以尽量不要用参考用书原书，用随时可以扔掉的复印件。

> 重点：把要背诵的内容做成背诵卡片，利用碎片时间进行背诵。

## 6.2
## 背诵法进阶——共同化和区别化

随着学习不断推进,知识开始串联起来。"这两个知识点描述不同,但是实质类似。""这两个知识点是相似的概念。"如果你注意到了这些,就太好了。

### ·提高背诵的质量,细化知识网络

我建议在复习后半阶段的考生这样做:

"抓牢主干知识,同时逐渐增加知识分支,细化知识点。"
"在脑海中形成细致的知识网络。"

关于这一点很难举例。比如英文单词"have"是"拥有、所有"的意思,这就是主干。它与另一个单词"bring"的区别和现在完成时的使用方法,以及短语"have to"的意思和使用方法都属于背诵的知识分支部分。

无论学习哪一部分内容,都有称为"关键词""重要概念"的核心内容，这些常常会跨专题出现。

一开始我们意识不到什么是关键词和重要概念，但随着学习的推进，我们可以发现这些知识出现的频率很高，或者某些题非常相似，仔细思考其知识点的出处，我们就会发现，原来某些部分出现了相同的概念。

像这样，关键词和重要概念的关联项很多，最初难以发现的关联之处随着复习慢慢显现出来，知识逐渐串联了起来。

将相关联的知识整理成表格进行记忆，更容易记住，并且我们在回忆的时候可以连同关联知识一起回忆起来。

由主干到分支，将主干知识与关联知识点联系起来记忆更容易记住，并且知识网络也会越来越清晰明了。

## ·越是容易混淆的句子和概念越容易出题

资格考试的知识分很多部分，但是并不像英语和数学一样差异如此之大。在我的理解中，资格考试中的知识更类似于数学中"方程式""函数"和"圆"的区别。

因此，学习不同部分的内容肯定会遇到类似的句子和概念。把这些相似的句子和概念整理成表格，进行比较记忆，更容易记住，对提高分数也有极大帮助。

区分、理解这些相似的内容，往往是考试的一大出题点。出题老师自然知道这些知识点的迷惑性，所以常在此设题。所以，我们平日要进行相应的练习，以避免考试时被题目迷惑。

因此，将相似、容易混淆的句子和概念整理下来，进行比较记忆非常重要。

比如说，法律考试问题中常常会问"出席议员"和"总议员"的区别。我们把有关出席议员的法律条文和有关总议员的法律条文进行整理分类制作成表，比较记忆，就可以将两者有效区分开来。

像这样，整理相关联的知识进行记忆，以及整理并比较类似概念进行记忆，需要一定的基础知识储备。

表6-1　容易混淆句子整理表格

|  | 出席议员 | 总议员 |
| --- | --- | --- |
| 2/3 以上 | 众议院重新通过法律<br>（第59条第2项）<br>××××××× | 提议修宪<br>（第96条第1项） |
| 过半数 | ××××××× | ××××××× |
| 1/3 以上 | ××××××× | ××××××× |

※制作表格时，可以只有自己知道的方式更简洁地记录，比如"修宪"写为"宪改"，"第96条第1项"写为"96.1"等。

※纵向和横向单元格中可以添加不同要素，便于整理。

※在做习题集的时候，如果发现有相关的事项，可以适当添加到表格中。

正因为有主干，分支的知识才能更容易被记住。如果没有主干，一个劲儿地记一些毫无关联的东西，是很难记住的。

学到现在的阶段，我们已经有了一定的基础，可以在此基础上进一步细化。

### ·尝试以出题者视角出题

整理关键词和重要概念相关联的内容属于"共同化",整理相同的句子或相似的概念比较记忆属于"区别化"。

只要明白了这两点,就可以自己出题了:"这两个知识点容易混淆,这样设置4个选项容易出错。"

可以站在出题者的角度出题,就是我们对知识点理解度进一步加深的证明。考生没有办法和出题者直接沟通,只能通过真题进行间接交流。就像我们无法和过去的伟人直接交流,但是可以通过书籍和他们间接联系一样。

出题者把希望考生掌握的知识、理解的概念设置成问题。只要理解了出题者的意图,把题做对就不再是难事。

重点:区分"共同化"和"区别化"。

## 6.3
## 如何减少绝对记忆量

记忆没有任何关系的内容就好像背诵一串随机的数字，并非易事。如果在理解知识点之间的联系和区别、加深理解之后，记忆量就会减少。

### ·理解可以减少记忆量

一提起从主干到分支逐渐增加记忆量，不少人会认为是疯狂地背诵知识点。但是在我看来，这种方法是以关键词和重要概念为中心，一点点加深理解，扩大知识范围。所以那些看似细碎的知识点，在由中心向外延伸的时候就可以记住，这个过程并不算困难。

比如说，某个知识点是"日本新潟县南鱼沼郡生产特级大米"，我们可以通过这个知识点展开联想，就能以"原本什么样的气候便于培育美味的大米"为中心，理解相关概念。在此基础之上，只要理解当地一年的气温变化，记忆起来就相当简单。

除此之外，可以把培育美味的大米所需的土质、水、当地的地形等南鱼沼郡的知识点串联起来记忆。

像这样，以一个点为中心，增加相关的概念和关联知识点，就算是完全不同的东西也可以推测出来。

当我们遇到"日本山形县米泽市能不能种出美味的大米呢？"之类的题目时，我们可以根据米泽市一年的气温变化、土质、地质等合理推测。但是，如果没有细致了解过南鱼沼郡培育美味大米的知识，我们就没法推测米泽市是否能培育出美味大米。

正因为有主干，分支才更加容易理解。不断增加对分支的理解，从而加深对主干与分支，也就是对"知识树"整体的理解。就算是没有记住的知识点也可以合理推测出来，由此减少记忆量。

## ·如何轻松唤醒记忆

找出共同点与不同点，在理解的基础上扩大知识面。随着理解的不断深入，知识点越来越容易记住，越来越容易被我们回忆起来。

比如，如果书架的书毫无顺序地摆放，想要按顺序记住书的名字非常困难。

但是，按照"经济""经营""政治""国际关系"等分类排序摆放的话，就容易多了。小说可以按照作者姓名的拼音首字母顺序排列，各自的作品按照名字拼音首字母顺序排列的话，也很容易记住。

按照彼此之间的关联性理解、整理、背诵，回忆的时候就能马上想起。记不起来的知识点不能算是背过了，所以能否轻松回忆起知识点对背诵来说相当重要。

话说回来，背诵没有关联性的内容效率很低。这也是为什么背诵属于整体学习的最后环节的原因。第一阶段和第二阶段，几乎不关注知识的关联性，在这些时期即使想要进行细致的背诵，挨个知识点分别记忆，效率也是很低的。

想要仔细背诵的话，在第四阶段边整理边复习是效率最高的。在这个时期，我们已经了解了知识点之间的关联和差异，理解了其中的共同点和不同点。

当然，此时距离正式考试已经很近了，背诵的知识点没有那么快被遗忘。

加深理解，换言之就是抓住本质。抓住本质是通过考试的最短路径，并且学习也会变得轻松许多。

不明本质，只顾闷头学习，不仅无趣，也无法持久。理解了本质，学习也会变得有趣，因为感受到了乐趣才有持续的动力。

**重点：在第四阶段背诵效率最高。**

## 6.4
## 大龄人士弥补记忆力差的方法

背诵时，年龄稍大的人可能会感觉自己的记忆力比年轻时下降了。我也有这样的感觉，但是我们可以想办法弥补记忆力下降的不足。

### ·年轻人没有的记忆优势

人类的记忆力会随着年龄的增长呈下降趋势，我也不例外，平时看到认识的人名字想不起来，或者感觉忘事的次数逐渐增多。

年轻的时候，人们既有体力又有时间，记忆力还没有衰退，可以一股脑儿地记住很多知识。可能很多人都曾有过临时抱佛脚背一晚上，第二天应付考试的经历。可是，年龄越大，这种临时背诵越来越不奏效。特别是发觉自己记忆力衰退的职场人，复习考试时首先要通过加深理解减少记忆量。

年轻时候可能背两三遍就能记住，现在可能需要背四五遍，记不住只能多背几遍。虽然很费时间，但是只要灵活利用好碎片时间完全够用。

另外，充分利用感官，增加感官体验，也能够加强记忆。不只要

"看",还要"写""听""说"。我乘坐电车的时候会小声默背,回到家之后大声背诵,口耳并用,强化记忆。

此外,还有年轻人不具备的,独属于大龄职场人的特殊背诵技巧,那就是将背诵的知识与自己的经验结合起来。

就像前文提到的,预防粗心错误的方法与企业应对丑闻的策略相同。这其实是我在担任律师时获得的经验,这是学生时期怎么也想不到的方法。

大龄职场人可以将需要记忆的知识与自己的亲身经历结合起来,巧妙利用经验协助记忆。也就是说,记忆力降低仍有弥补的措施,年龄大并不处于劣势。

## ·你是否能灵活运用经验

职场人在很多情况下,可以将经验所得的知识应用到资格考试学习中去,就像上文提到的处理企业丑闻的例子一样。

即使是尚未取得职业资格证书,很多学习内容也与自己的工作相关联,应该更容易将自己的实践经验运用到学习中去。

要想通过日本的财务规划技能考试,就必须掌握健康保险、国民养老金、养老保险金等领域的知识。职场人应该早已了解了大概,只需对知识点加以细致整理、比较记忆就可以,而学生则没有这一优势。所以从某种意义上来说,学生要想通过资格考试更难。

因此,对职场人来说,这个挑战是能否将自身经验抽象化,并运用到学习中去,或者说是职场人要将经验所得知识与记忆知识点结合起来，弥补记忆力带来的学习缺陷。实际上，这并非难事，职场人早已积累了诸多经验，只要有意识地加以运用，谁都可以将两者巧妙结合起来。

职场人的理解力和经验，完全可以弥补记忆力低下的不足，无须担心。

> 重点：将经验与知识结合，弥补记忆力的不足。

## 6.5
## 背诵的杀手锏——谐音

结合经验,加深理解可以减少记忆量,但仍有一部分内容必须死记硬背。此时谐音就可以派上用场了。只不过,想借助谐音记忆知识点的过程并不轻松。

### ·自己编谐音

备考时,有一些知识点即使加深理解或与经验相结合也无能为力。

比如说,产前/产后休假、育儿休假的时间等会随着法律的修订而不断变化,我们必须记住修改后的数字,并且这些数字没有什么逻辑,只能死记硬背。此时使用谐音来帮助记忆最为方便。

假设产前6周、产后8周是法定休假时间,那么就用"产前产后休假不足进牢房(68)"来记忆。①

记忆不同的数字也可以用数字辅助。比如30日、45日、60日、90日,可以记作"3456一下到9"。

不过,谐音只是万不得已的方法。如果原本就可以记住,当然再

---

① 日语"牢房"读音与68发音相似。——译者注

好不过了。最好可以通过加深理解减少背诵量，而且结合自己的经验记忆，更加不容易忘记。

另外，之前的例子中出现2个或者4个数字比较容易想出谐音，但是实际上，大部分情况下，我们需要记忆8～10个词句或者数字，而且想谐音也比较费时。

虽然我已经习惯了谐音记忆法，但是经常要花费1个小时的时间去想谐音。

所以，在我想出谐音之前，有的内容早就记住了。为了让谐音听起来更加朗朗上口，我会反复出声朗读，有的内容不知不觉就记住了。

有一些参考用书上也会介绍谐音记忆法，但是就算按照所写的背过了，正式考试时，有的人也很难全部回想起来。与其记忆别人写的谐音，不如自己编一些，记忆更加深刻。

综上所述，考生最好可以自己编谐音来辅助记忆。

重点：花时间、费精力、自己编的谐音最好用。

# 第7章 备考总结 考试前需要做的事

## 7.1
## 最后时刻，总复习学习法

资格考试复习终于到了最终阶段。模拟考试中及格的考生、学习顺利的考生，一鼓作气，争取最后再将分数涨10分吧！

### ·习题集总复习，保持记忆

模拟考试中得到七成分数的人此时松懈可能会遭遇滑铁卢。所以，最后也不要放松，请坚持学习，一直到考试结束。

虽然已经达到了及格线，但是还有三成的进步空间。习题集也好，真题也好，应该还有一些不会的题目。以习题集和真题中不会的题为重点，持续复习，直到会做为止。

如前文所述，重买一本一模一样的习题册，满怀新鲜感从头再做一遍，不失为一种好方法。

这是因为，我们到现在一直以错题为中心进行学习，3个月前做对的题目，记住的知识点也有些遗忘了，考试的时候记不起来的话太可惜了。所以在最后冲刺的阶段，从头开始复习一遍习题集，可以保持知识点不被遗忘。

对于习题集和真题中无法准确作答的题目，要先整理知识点，然后重新记忆。

我复习时，会把知识点整理在活页本上，利用碎片时间背诵。只要内容不算太多，就可以记在本子上，然后装在口袋里，利用等车和等饭菜或其他碎片时间背诵。

## ·集中复习不擅长的部分

另外，在活页纸上总结出参考用书中自己不熟悉的知识点，将自己不擅长的知识集中起来复习，效率会大大提高。

收集自己不擅长的知识点，做成的"原创"教材，市面上绝对买不到。这也得益于我们已经在参考用书上做了很多笔记，所以自己动手制作的时候会容易很多。

记录了知识点的活页本，是最后提高分数不可或缺的一环，我们需要反复记忆这些知识，不擅长的部分也会慢慢被理解。

另外，反复复习时，充分利用好总结的表格，制作成背诵卡片可以提高学习效率。比如，以关键词和重要概念为中心整理的相同点表格，以及分类整理的相同语句和类似概念表格等。

成对出现的语句、概念、数字更容易设题，总结一下记忆有助于提高分数。有的考生会整理树状图，将语句概念根据关系用线联系起来，整理记忆。整理这些图表本身就需要动脑子，就像编谐音一样，思考的过程也是记忆的过程，做好后多看几遍有利于加深记忆。

重点：集中强化薄弱环节。

## 7.2 相信自己，最后时刻也能快速提高分数

比起学习进展很顺利的考生，进展不太顺利的考生、达不到及格分的人可能更多。对于这些人来说，最重要的就是沉下心，一步一个脚印地继续学习下去。

### ·最后逆袭的往往是不忘初心的人

学习进行不顺利的人，在考试临近的这段时间，肯定多少会感到焦虑。但是，焦虑百害而无一利。比如那些看不到自己进步，所以在最后时期更换参考用书和习题集的人。

"不做新的题就不能逆袭合格。""学不会都是参考用书（或者习题集）的问题。"他们可能会这样想，实际上恰恰相反。只有坚持使用原来的参考用书和习题集，保持一贯的学习方法，才有可能通过考试。

不要总想抄近道、走捷径、投机取巧。参考用书、习题集以及学习方法等，是从着手学习时起，经过我们不断推敲而决定的。要相信自己，一直坚持到最后胜算最大。

那么究竟为什么得不到及格的分数呢？这并不意味着参考用书、习题集或者学习方法有问题，多是由于个人学习不足造成的。习题集中会做的题还很少，所以难以达到及格分数线。那么，我们首先应该做的是把不会做的题搞懂。

就算是达不到及格分，只要能做对五成的题，得50分，那就意味着只有一半的题不会，只要学会这一半题目就可以了。

准确来说，如果我们能得50分，那么剩下的只需要得20分就可以了。只要再学会两成，最多三成就可以合格。这么想也许可以缓解我们焦虑的情绪。

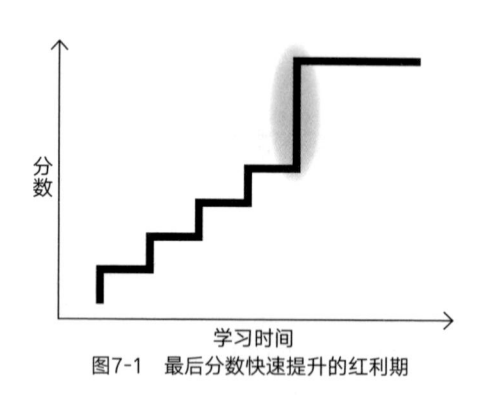

图7-1 最后分数快速提升的红利期

## ·最后提高的分数最多

学习水平和得分并不是直线上升的，而是分阶段提升。如前所述，一个阶段内部分数几乎是相同的，最后的阶段相对来说提高分数更多。

也就是说，随着各个阶段不断推进，会遇到50分的平台期。下一个阶段难度很高，所以一直难以提升。但是，一旦提升就能瞬间达到合格的水准。

知识之间是相互联系的，有时，眼界会突然打开，不懂的题目也许会突然明了。从学习的付出与收获的比来看，每单位时间的学习提高的分数是逐渐增加的，到了第四阶段进入直线上升的时期，分数会迅速提升。

所以，到了最后的阶段，我们需要把不会的习题一个个弄懂，踏实地学会，最终自然会通过考试。

相信自己，做题坚持到最后一刻，带着问题回归到参考用书上继续学习，最后分数就会快速上涨。

重点：学习不能抄近路，坚持原本的学习方法直到最后。

## 7.3
## 考试前适当减少学习量

此时距离正式考试只剩1~2周的时间。比起学习，调整好身体状态更加重要。为了在考试中发挥出最高的水平，我们需要从早起开始，慢慢调整生活作息。

### ·削减睡眠时间临阵磨枪，有百害而无一利

距离正式考试只有1~2周的时间，我们应该结合考试的时间调整生活状态，使我们的生活节奏与考试的时间相符合。特别是喜欢熬夜学习的考生，考试并不在晚上进行，所以更应该改变生活方式，使大脑和身体习惯白天的生活节奏。

一般是上午9点开始考试，我们至少要在考试前一周养成每天6点起床的习惯。学习时间也相应地减少，平时每天学习2小时的话，可以保持学习时间，或者仅用碎片时间来学习也是可以的。

最后阶段绝对不要为了临阵磨枪学习到半夜。不要像学生时代那样，为了考试熬夜学习，临时抱佛脚，这样的学习方法在资格考试中行不通。并且，因为熬夜导致在考场上无精打采，更是得不偿失。

另外，如果考试前的最后一周过度用脑，考试当天可能大脑已经非常疲惫了，这也就意味着，最后冲刺复习有百害而无一利。相反，我们应该逐渐放松心情，以绝佳的身体状态迎接考试。

有的考生听信了"考卷里会出和以前相同的题型"或者"押中题目"等话。在最后阶段做一些新的模拟试题，但是这并不是好方法。

首先，"相同的"或者"押中"的题目并不多，并不能说试题全部有用。其次，如果模拟试题中出现了没学过的题目，只会徒增不安。这个时期做模拟试题几乎没有好处。

## · 以平时的状态参加考试

有的考生会在考试之前吃寓意着胜利的炸猪排饭①，或者为了打起精神来吃鳗鱼讨个吉利。但是如果因此造成胃不舒服的话，反而会产生反作用。我想应该没有人会在考试前一天吃生牡蛎，但是类似的生食，比如生鱼片、寿司等也尽量少吃比较好。

特别是可能会对身体造成不良影响的食物，考试前几天尽量不吃。我在此时也不会去餐馆吃饭。

如果考场比较远，不太熟悉的话，尽量在考试前一周的同一时间去考场看看，确定好到考场所需的时间。如此一来，我们就不用担心正式考试当天会迷路，可以安心地进入考场。

未知的事情越多，大脑越疲惫。考试题目本身已经充满了未知，除此之外的其他事，尽量提前熟悉好，以最佳的状态迎接考试，减少

---

① "猪排"的发音与日语中的"胜利"一词相似。——译者注

大脑的负担。

考试当天穿平时一样的衣服即可，文具和包也最好用平时常用的。有的考生可能会买新文具参加考试，最好在1个月之前买，到考试时已经用惯了。

专业棒球选手在比赛时不会用新的手套和球棒，因为新的物品往往用不顺手，用熟悉的更有利于比赛获胜。

最后阶段不要慌乱，做好自己该做的事，相信自己的能力，调整好生活节奏。

> 重点：以一颗平常心参加考试，发挥出正常水平。

# 7.4
# 遇到没见过的题目也不要慌

那么，接下来考试正式开始。做四五道题之后，发现了一道没见过的题，此时你会怎么做呢？最可怕的就是时间不够了，总之，先一道一道地慢慢往下做。

## ·试卷上一边标注"○、×、?"一边解题

实际考试中，常有没见过的题目或者非常少见的题目，我们很难在计划时间之内解答出来，无论怎么安慰自己不要着急都没用。所以，考试开始之后马上集中精力答题，尽量不浪费时间。最差的状态就是一边着急忙慌地想把会做的都做完，一边又想着别的题，作答的时间完全不够用。

对于完全没有见过的题目和稍微思考一下不太懂的题目，如果是选择题的话，先选择一项，然后在答案后面标注"?"符号，最后回过头来作答。如果仔细思考下去，会影响后面的做题时间，导致会做的题目没有时间做。

另外，实际考试中能否留出检查的时间尚不可知。所以在确定

正确的题目旁边标注"○";无论如何也解不出来的题目旁边标注"×";不确定是否正确的,或者想仔细思考一下标注"?"。

做了标注,就算最后检查的时间所剩无几,我们也可以判断先检查哪些题目更容易得分,率先检查这些题目。

## ·最后检查环节不确定答案时,坚持最初的答案

我最后检查时只改两种题目,首先检查答案是否正确填涂到答题纸上,然后检查答题卡上有没有涂错的题目,"○""×"或者数字填写是否正确,答案是否写在了正确的答题区域。例如,有没有把12题的答案写在11题的位置上等。这样检查,简单明了,很快就会结束。

接下来需要检查的是标记了"?"的问题。标记的问题应该不止一两个,我们需要根据剩余的时间,把能想到的都想一遍,如果和最开始想的不同就改成最新的答案。

如果此时还有剩余时间,可以检查其他题目。只不过常常会把正确答案改错。

不管一开始是否对填写的答案有信心,检查的时候都会觉得自己可能做错了。根据我的经验,往往最开始的答案才是正确的。因为最开始解题时,时间尚算宽裕,大脑还未疲惫,所以那时做出的答案最可能是正确的。

检查相当仓促,就算最后还剩10分钟左右,实际用来检查的时间也不过只有5分钟。"必须在5分钟之内检查完",绷着一根弦,自然

就没法静下心来仔细思考。

如果还没做完,但是时间快到了,先花几分钟填完答题纸。如果是选择题,则全部选择"C"选项,至少有可能蒙对了,但是如果什么都不填就一分得不到。

如果是判断对错的题目,则有50%的可能性蒙对。运气也是实力的一部分,总之,我们需要先把答题纸填完。

> 重点:用2种检查方法。答案不确定时,坚持最初的想法。

## 7.5
## 相信自己，绝对可以合格

临近考试，考生难免会因担心考不过而不安。这一点大家都一样，并不是只有你自己不安。不安时，给自己一点积极的心理暗示。

### ·考试之前大家都会感到不安

越临近考试，越会有不安情绪，所有人都如此，只是有的人不说出来而已。

我在高考时特别紧张，第一场考试手都在抖。即使考场设在了我就读的高中，在相对可以放松的环境下仍然如此。我认为，并没有可以完全消除不安的方法。拜神也好，祈祷也好，并不能完全消除不安紧张的情绪。和朋友聊天，可能会稍微得到缓解，但是效果非常有限。

唯一可以彻底消除不安的方法就是放弃，觉得不考试也没关系。所以，如果希望通过考试，那么我们就不得不揣着这种不安的心情学习。

害怕自己通不过考试是因为付出了努力。几乎没有学习就去参加考试的人，基本不会感到紧张，因为他们很清楚自己根本不可能通过。我们之所以会感到不安，是因为害怕自己的努力得不到回报。

也就是说，对自己的期望值和预测的结果产生了分歧，因此感到不安。这是自己长久积累的努力的另一种表现，由此而产生不安不见得是一件坏事。

感到不安的时候，我会在考试当天的清晨面对镜子，对自己说"你肯定能行"，给自己积极的心理暗示。

虽然不能证明是因为这种心理暗示考试才合格的，但是迄今为止我参加的所有考试都通过了。

只要可以使自己放松心态参加考试，什么方法都可以。给予自己积极的自我暗示就是其中一种。

## ·合格率低说明不了什么

即使是参加合格率低的考试，也没必要感到不安。自己能否合格与合格率高低无关。

比如，东京大学每年的考试合格率只有30%。用竞争倍率来说，每年实际合格学生的竞争者有自身的3倍之多，每3~4个人之中只有1人合格。所以不存在容易一说。甚至，有的资格考试的合格率只有10%，比如，社保顾问资格证考试。之所以合格率如此低，是因为每年陪跑的考生太多。不少考生为了备考明年的考试，今年抱着试试看的心态体验一下，所以合格率非常低。

资格考试并没有规定参加次数的上限，就算今年没考过还有明年。只是浪费一点考试费而已，所以不少考生没怎么复习就直接参加了考试。

所以没必要因为合格率低就消沉，只要有实力，你就可以合格。

同样地，我们也没必要为今年考试人数增加、考试方式变化、考场减少而不安，最重要的还是我们自身的实力。按照本书推荐的方式准备考试的考生们，只要发挥出正常水平，合格并不是难事。

相信我，充满自信地奔赴考场吧！

重点：跟着本书学到现在的考生们，你们绝对可以通过考试。

# 终章

## 改变3个意识
### 通过考试后的学习方法

● **目标从70分变成100分**

首先恭喜成功通过考试的考生们。但是，通过资格考试只是开始，并不是我们的最终目的。从现在开始，我们可以利用资格考试学到的知识活跃在各自的岗位上，发挥持证者应有的价值。所以，我们仍需要继续学习。

有的考生可能会觉得这些道理自己都懂。但是，实际上，无论是在学生时代的考试，还是司法考试等社会考试中，通过考试后不再学习的人有很多。

这些人的心理非常容易理解，主要是因为他们通过考试后内心充满了成就感。可能这些人会想"通过考试就万事大吉了，我已经取得资格证了"。但是，现实并不是这样的。通过了考试最多只能算站在了起点上。

资格考试合格后，学到的知识可以应用在实际操作中。这一点和大学的入学考试不同：高考后，有一些高中副科的知识原则上就再也不会考了。

那么，资格考试中学到的知识能否应用到实际工作中呢？很遗憾，并不能。如果不能深入理解，大部分知识是不能应用于实际工作中的。

一般来说，只需要学习一本参考用书就可以通过资格考试，但是实际工作时需要读很多本，还需要从多种角度出发进行理解、思考。

比如说，我作为律师，在处理案件时，需要买很多与该案件相关的参考用书，并且全部阅读才行。是否可以从多个角度看一件事非常重要。

另外，工作只做到"合格"，是不够的，实际要求我们往往需要做到满分。所以，通过考试后就要以满分为目标开始新的学习。为了追求完美，我们需要读很多书，了解各种各样的信息。

合格之后，我们的目标从原来的"合格"变为"满分"。合格后的改变心态是第一个意识。

## ·想要赚钱的话，就要成为专家中的专家

第二个意识就是不单打独斗，搞团体合作。

当然，有一个人就可以完成的工作，但是我们既然从属于某个团体，基本上从事的都是集体工作。就算是取得专业资格证后开个人事务所，也需要其他持证人员的协作。每个人充当不同的角色，也是一个小团体。

团体工作最重要的就是发挥每个人的长处，反之，根据每个人的长处形成团体的力量。就算是律师，也有各自擅长的领域，从事不同方面的工作。例如，民法、刑法、知识产权、破产保护等。专家团队中，什么都会做等于什么也不会。

备考资格考试时，比起钻研擅长的部分，提高不擅长部分的分数

更有利于通过考试。但是合格之后，我们应该优先学习自己擅长领域的知识。

无论是哪种资格考试，每年都有几百人通过。几乎不存在只有几个人通过的考试。

当然，实际参加考试的考生数倍于通过考试的人，可以说，最终合格的人都是考生中的佼佼者。但是我们还有必要成为佼佼者中的佼佼者。

在同样合格的人中继续崭露头角，彰显自己水平的较量随之开始。首先我们应该在专业中找出适合自己且自身擅长的领域，把这一领域的知识学到极致。

在已经通过的资格考试的专业领域中细分，发掘想要一直坚持下去的领域。决定后，以做到满分的态度继续学习，一定会成为该领域数一数二的专家。

## ·综合发挥第二擅长领域的作用

进一步精细化自己的专业后，下一步要做的就是在完全不相关的其他擅长领域找出另一个适合自己的专业，与第一专业相辅相成。这是通过考试后应该改变的第三个意识。

或许听起来非常困难，但是实际上并不难。

无论是谁，都有除学习之外喜欢和擅长的事情。我认识的律师中，就有摔跤手。他既是律师，也是一名摔跤手，也许你会感到吃惊。他可以充分利用自己的身份，打入格斗士的圈子。充分了解格斗士,深入掌握格斗士的经济模式,最后作为一名律师活跃在其圈子里。兼具律师和摔跤手身份的人全日本估计只有他一位,其价值可想而知。

像这样精通两个毫无关联的领域,联合发挥两者作用的人几乎是无敌的。就算别人想要模仿,也很难兼备律师和摔跤手两种身份。总之,精通毫不相关的两个领域非常难,所以几乎没有人可以与之匹敌。

现在,身为律师又精通区块链的工程师非常抢手,相关人才供不应求。

成为专业中的专业精英已经足以养活自己,但是想要成为某个领域的第一还需要其他特殊的能力。

夸张一点来说,只擅长一个领域的话,必须做到可以参加奥运会的水平才能成为独一无二的存在。但是我并没有说这样不好,反而觉得精通两个专业和领域,相辅相成,可以更好地发挥自己的个性。

考试并不要求我们成为独一无二的存在,考试的竞争只需要大家在规定的时间内得到相应的分数即可。

另外,通过考试后的竞争才是勇争第一的竞争,是充分发挥自己个性的竞争。很多人并不知道这两者的差别。即使是名校的毕业生,也并不见得全是成功人士。

这是我从考试中得到的启发。我和大家一样,以成为大企业员工和公务员为目标,进入公司、行政机构之后,立马卷入了激烈的竞争之中。

要记住，走寻常路，做寻常人，是难以成为独一无二的存在的。

我由衷地希望大家在通过资格考试后，可以心怀大志，立志成为数一数二的精英，并为之不懈奋斗。

图书在版编目（CIP）数据

考试高手 /（日）鬼头政人著；郭文静译 . -- 北京：国际文化出版公司, 2023.6
ISBN 978-7-5125-1527-7

Ⅰ.①考… Ⅱ.①鬼… ②郭… Ⅲ.①考试方法 Ⅳ.① G424.74

中国国家版本馆 CIP 数据核字 (2023) 第 058338 号

北京市版权局著作权合同登记号　图字 01-2023-2936 号

SHIKAKU SHIKEN NI IPPATSU GOKAKU SURU HITO WA,
"KORE" SHIKA YARANAI
Copyright © 2022 by Masato KITO
All rights reserved.
Illustrations by Masayo MATSUOKA(WELL PLANNING)
Original Japanese edition published by PHP Institute, Inc.
Simplified Chinese translation rights arranged with PHP Institute, Inc.

## 考试高手

| 著　　者 | ［日］鬼头政人 |
|---|---|
| 译　　者 | 郭文静 |
| 责任编辑 | 吴赛赛 |
| 策划编辑 | 谷　旸 |
| 内文排版 | 佳睿天成 |
| 出版发行 | 国际文化出版公司 |
| 经　　销 | 国文润华文化传媒（北京）有限责任公司 |
| 印　　刷 | 三河市中晟雅豪印务有限公司 |
| 开　　本 | 880 毫米 ×1230 毫米　　32 开<br>5.125 印张　　　　　　　110 千字 |
| 版　　次 | 2023 年 6 月第 1 版<br>2023 年 6 月第 1 次印刷 |
| 书　　号 | ISBN 978-7-5125-1527-7 |
| 定　　价 | 49.80 元 |

国际文化出版公司
北京朝阳区东土城路乙 9 号　　邮编：100013
总编室：（010）64270995　　传真：（010）64270995
销售热线：（010）64271187
传　真：（010）64271187-800
E-mail: icpc@95777.sina.net